心正則事行胥匡 儀恭則感物必應

毗尼日用切要香乳記

戒定慧三學 為六度之綱領 萬行之根本也

書玉律師◎著

毗尼日用切要香乳記

清・書玉箋記

序

原夫文以詮理，理以徵心。心正則事行胥匡，儀恭則感物必應。此佛氏之教，必先乎戒學也。戒學乃定慧之首，果能精進於此，則定慧何由而不生耶？宇內說教說禪，亦如稻蔴竹葦，究之毗尼一宗，捷於影響，考其旨趣，無非欲人明心見性。若能日用提持，使身心束斂，而六度萬行，有不攝入大圓鏡智矣乎！余碌碌塵坌間，嘗屏息外緣，一榻靜坐，自覺無盡藏中，圓融顯現，俱各了了意者，毛呑巨海，芥納須彌，其信然耶。昭慶宜潔律師，以手箋香乳記一册惠余，正值桐陰滴露，桂熟飄香之候，盥讀一過，知其深明梵典。卽專五篇三聚，令緇素者流，領會斯文。自當持半偈，於行住坐臥中，日無間斷，將見摩尼梵網光明相映，端不負寶華正派也。詳註方策，嘉惠後學，簡明軌範，孰能舍旃。

康熙戊寅秋九月海寧楊雍建以哉題於弗過軒

序

沙界衆生，種類千差，諸佛出世，說法萬別。約略言之，經律論而已矣。經者詮定，律者詮戒，論者詮慧。戒定慧三，爲六度之綱領，萬行之根本也。摩竭提國，談佛刹海，稱之爲經。伽耶城邊，與諸菩薩，問答業報種種因緣，稱之爲論。菩提樹下，初結菩薩波羅提木叉，稱之爲律。此卽佛說大乘三藏也。波羅柰，爲五人說修多羅。羅閱祇，爲須提那說毗尼。毗舍離獼猴池，爲跋耆子說阿毗曇。此卽佛說小乘三藏也。經論通五人，律唯佛說。降佛已還，雖文殊、波離，不敢增減一字。如禮樂征伐，自天子出，諸侯大夫莫能專制者也。及佛滅後，摩訶迦葉，將諸羅漢，在耆闍崛山中集三藏。文殊、彌勒諸大薩埵，將阿難集摩訶衍。故清涼云：「華嚴、般若等，爲大乘經藏。菩薩戒、善戒經爲律。瑜伽、智度等爲論。小乘四阿含等爲經，五部律爲戒，婆沙等爲論。世間衆生，稟此三法修持，依教觀心者，名爲增上心學。遵律持身者，名爲增上戒學。憑論悅口者，名爲增上慧學。三無漏學成立，大小乘果，無不得證也。」

是以佛在世時，有持修多羅比丘，持毗尼比丘，持摩多羅比丘。如來滅後，亦有禪、教、律三宗之區別也。迨夫漢明遣求，騰蘭傳法，迄至曹魏之初，僧徒甚衆，未稟歸戒，止以剪髮殊俗。後有曇摩迦羅，誦諸部毗尼，立羯磨授具，準用十師，中夏戒律始也。姚秦羅什譯十誦律，與梵網戒本。佛陀耶舍，共竺佛念，譯四分律藏。劉宋罽賓沙門佛陀什，譯五分律。梁僧祐律師，大闡毗尼。唐南山宣律師，作戒疏、羯磨疏、事鈔，弘四分律。由此赫奕天下，謂之行事防非止惡宗。晉魏陳隋之際，斯爲盛矣。宋仁宗嘉祐間，開元允堪律師，作會正記。靈芝照律師，述資持記。元明已來，律宗罔聞。幸今華山見月老和尚，力弘戒學，出止作二持，黑白布薩，傳戒正範，行羯磨，定安居，興絕學廢，光前裕後，獨步大方，莫過於師矣。

昭慶宜潔大師，稟授良深，丕揚妙海宗猷，箋釋毗尼切要，名曰香乳記。宗說雙通，事理並暢，誠末世之光明幢，法門中之優鉢羅也。昔我康藏和尚，以淨行品別行。宣城主師，集爲苦海浮囊。今述香乳記，欲挈法界衆生，共入毗盧性海，取觀音大悲手乳，芬芳無盡也。其善繼之功，豈曰小補哉？余詳此源，以告來學，作一策發何如。　時康熙丁丑年仲春花朝鷲蟄節旦

浙水慈雲灌頂行者續法槃譚

序

夫毗尼切要者，爲大道心人利生修證之本也。凡人能讀斯文，發斯願，行斯行者，即同圓覺，無二無別。欲度衆生，欲求佛道，要須行在一心，自然功成二利，其或行願未備，則證入無由矣！

先和尚愍惜於此，故從華嚴淨行品，并密部中，重採偈呪，彙集成卷，題名毗尼日用切要。務令初發心人，熟讀玩索，朝夕行用，漸成道果，不致坐消信施，虛度光陰。語謂大聖度人，功惟在戒，先聖後聖，其揆一也。憶昔和尚誡衆云：「此日用一書，乃是一乘妙法，進道鎡基，事攝身心，理歸圓頓，不得視爲泛常偈呪。」是知切要之功，至矣哉！當盡壽行持，毋怠忽焉。玉親覲也晚，幸蒙鞭策，駑駕前行，不容暫憩。二十年來，乾乾惕勵。甲子春，住昭慶，應衆請演，隨文箋釋，名曰香乳記。觀音大悲手，香乳濟衆生，自愧膚學，豈敢承當？聊以下愚一瓣之心香，用酧

和尚法乳之深恩。慮江河之日下，取古鏡以鑑今。文非華美，詞涉典章，苟能依此止行，實有裨於來學也。　時

康熙二十三年佛歡喜日　　律學比丘書玉述

凡例

一、題前懸敍三義門者：和尚止持會集，尚遵賢宗法式，今釋依行，豈敢違越？

二、題爲一書之總，故先釋。人是能彙集者，故次釋。行諸久遠，恐茫昧故，偈乃所詮正文，故後釋。

三、集中五十四偈，三十七呪，各以事類首標，錄開四十四門。今但隨文依次箋釋，更不重科，以塵法眼。

四、偈有當願衆生，俱係華嚴淨行品文。其餘呪偈並出密部，及諸經論。今皆消文，不暇詳演，一恐聞者厭繁，二因疏家已鈔。若欲廣明，當考藏教。

五、偈中四句，不出二意：一約三聚：初句攝律儀戒，次句攝衆生戒，三四攝善法戒。二約四弘：初句學法門願，次句度衆生願，三四斷惱成佛二願。隨文配之。此皆義易可思，故初偈略釋，餘皆隱而不發。今先表明，覽者自悉。

六、箋釋本意，專爲發明當文，故不論經律諸書，凡相符者，咸引證於此，作一助顯。

七、呪出密部，自古不翻。今倣先德，不敢強釋。果能依法虔誦，畢得消災生福。

八、頂格書者，但屬佛說偈呪。低一格標集字者，係和尚集文。標記字者，乃今家釋語。

若不提清，恐作逑成混濫也。

九、供養偈文，行本原無，食時念誦，烏可不解。故於中附出，略爲箋釋，修持者，不致有疑難焉。

十、偈末戒相，諸部具明。今略釋者，以便初學觀覽。

十一、偈文中遇有古字者，今改爲現代字。

十二、咒句是譯音，重音不重字，故遇有古字者，今改爲同音之字以代之。

毗尼日用切要香乳記　目錄

附錄二：

毗尼日用切要香乳記　卷上

清・古杭昭慶萬壽戒壇傳律比丘書玉箋記

將釋此典，先依賢首般若略疏，開爲五門：一、教興；二、藏攝；三、宗趣；四、釋題；五、解文。今於題文之前，亦懸敘三義門也。

初、教興因緣。依大智度論云：「如須彌山王，非無因緣，非少因緣，令得振動。」毗尼教興，亦復如是，具多因緣：

㈠、爲師資模範故；
㈡、爲行止根本故；
㈢、爲滅衆惑業故；
㈣、爲生諸福慧故；
㈤、爲成三聚戒故；
㈥、爲弘四誓願故；
㈦、爲攝持身心故；
㈧、爲利益自他故；

㈨、爲發覺初因故；

㈩、爲圓滿佛果故。

具斯十緣，令此教興。

二、藏乘教攝。於中開三：

先、藏攝者。藏有三：

㈠、三藏。經律論也。經是化教，開誘化導也；律是制教，制約行業也；論則推徵，解釋經律之意也。偈出華嚴淨行品，屬於化教，經藏攝也。據問答義意，及立名題，偈後戒相，屬於制教，律藏攝也。而無問答註解，故非論攝。

㈡、四藏。前三藏外，加一陀羅尼藏。偈下諸呪陀羅尼也。經律，顯教攝；呪，則密教攝也。

㈢、二藏。聲聞、菩薩也。並願利他，不專己故，菩薩藏攝，非聲聞也。

次、乘攝者。乘有二：

㈠、顯教。明五乘，謂人、天、聲聞、緣覺、菩薩也。偈是文殊以答智首，屬菩薩大乘攝，揀非前四乘也。

㈡、密教。明四乘，謂聲聞、緣覺、方廣、金剛也。寶王經說：「一切陀羅尼，皆從方廣大乘、最勝金剛乘中流出。」此之三十七呪，並屬後二乘攝，非前二種乘也。

後、教攝者。教有二：

㈠、十二分教：1.修多羅，此云契經，長行文相也。2.祇夜，此云重頌，重說偈頌也。3.和伽那，此云授記，說與果證也。4.伽陀，此云孤起，孤諷起頌也。5.優陀那，此云無問自說，不請自陳也。6.尼陀那，此云因緣，有故而說也。7.阿波陀那，此云譬喻，取喻得解也。8.伊帝目多伽，此云本事，本昔事業也。9.闍陀伽，此云本生，本昔受生也。10.毗佛略，此云方廣，稱理廣談也。11.阿浮達磨，此云未曾有法，希有神力也。12.優婆提舍，此云論義，逐爲問答也。今是孤起、因緣、方廣，三分教攝，非餘九部也。

㈡、賢首五教：1.小乘教。但說我空，縱少說法空，亦不明顯。但依六識、三毒，建立染淨根本，未盡法源，故多諍論。2.大乘始教。亦名分教。於中但說諸法皆空，未盡大乘法理，故名爲始。但說一切法相，有不成佛，故名爲分。3.終教。亦名實教。說如來藏，隨緣成阿賴耶識，緣起無生，一切皆如。定性二乘，無性闡提，悉當成佛，方盡大乘至極之說，故名爲終。以稱實理，故名爲實。4.頓教。總不說法相，惟辯眞性，亦無八識差別之相，訶教勸離，毀相泯心，但一念不生，卽名爲佛。不依地位漸次，故說爲頓。5.圓教。所說唯是法界性海圓融，緣起無礙，相卽相入，帝網重重，主伴無盡，故名爲圓。

今多華嚴偈文，正屬圓教。偈云：「入深法界，心無障礙。」又云：「得無礙眼，見一切佛。」皆圓義也。約所詮法，亦通前三。偈云：「勤求佛道，心無懈歇。」又云：「

具足盛滿，一切善法。」分教也。偈云：「得淨法門，永無垢染。」又云：「成就佛身，證無相法。」始教也。偈云：「設大施會，示如實理。」又云：「皆得妙法，究竟清淨。」終教也。偈云：「心得解脫，安住不動。」又云：「入第一位，得不動法。」頓教也。斯則有其所通，無其所局，故此圓教，語廣，該攝無量教乘，語深，唯顯一佛乘也。準知此部，圓頓攝矣！

三、所詮宗趣。當部所宗曰宗，宗之所歸曰趣。然先總，後別。總以自行佛戒，止惡作善，清涼心地爲宗；化他佛道，同一圓覺，一如無二爲趣。別開五對：

㈠者、教義對：毗尼教相爲宗，令悟偈呪妙義爲趣。

㈡者、行願對：隨事起行爲宗，善巧發願爲趣。

㈢者、身心對：身修行願爲宗，防心不散爲趣。

㈣者、智悲對：大智運心爲宗，大悲利物爲趣。

㈤者、因果對：悲智圓因爲宗，成證果德爲趣。此五是從前起後，漸漸相由矣。

四、總釋名題。於中分二：

初、釋法題

毗尼日用切要

記 毗尼日用切要者，乃此集之總題也。對偈呪，有能所制化之別。題爲能詮，依制教得名，屬律藏也。偈呪爲所詮，依化教成文，屬經藏也。然經家七種立題，此但約法爲目。如人六根，以目爲首。展其目，而諸根俱現。見此題，則知有如是偈呪也。又毗尼，是通名，日用切要，是別名。取止惡作善爲宗，教化衆生同入佛道爲趣。防護諸惡，故名爲止；策修衆善，故名爲作。毗尼，止義，是惡應止也。日用切要，作義，是善應行也。

（上略釋，下廣箋。）

梵語毗尼，華言善治。謂能自治一切惡，亦能治衆生一切惡也。此從功能得名。又翻爲調伏。謂調練三業，制伏過非。調練，通乎二持；制伏，惟明止惡。此從功用得名。正翻爲律。律者，法令也。從法得名。謂斷割輕重，開遮持犯，非法不能定故。譬如國家，賞罰號令，必從王出，諸侯僭越，士庶失信，則敗亡無日矣！佛法亦爾。大千世界佛爲法王，律是佛勅，菩薩二乘，不敢增減一字。若容他說，則羣生不奉，法不久住矣！此二字顯教也。

日用者：卽從旦至暮，從暮至曉，二六時中，用此偈呪，束縛身心。令初學受戒人，於五塵境上，四威儀間，或早覺，或洗足，涉歷事緣，皆卽發弘誓願，離諸過惡。持秘密呪，調伏三業，普令一切衆生，均霑法利，同成覺道。良以入道初門，發心爲首，欲登戒品，立願爲先。心發，則衆生可度，願立，則佛道可成。是故初學戒時，須當讀此偈呪，日用行持，證入有日矣。譬如國王，與怨敵共戰，必得猛將，統衆向前，始能取勝。初發心人，亦復如是。欲與生死怨賊共戰，先須用此偈呪，勇往直前，統攝身心，精修善法，方能降伏煩惱魔軍也。故遠公曰：「心爲一身之主，萬法之本。心王若正，則六賊不侵。正念現前，易得入道。」今日用偈呪，正其身心，所謂生處轉熟，熟處轉生。如是用心，日新其道，故名日用。此二字彰行也。

合上釋之：毗尼，是約教；日用，是約行。教非行而教爲虛設，行非教而行爲邪謬。教行相兼，始成勝用。五祖演禪師云：「衲子守心城，奉戒律，日夜思之，朝夕行之。」此之謂也。切要者，謂親切簡要。揀非疎漫冗雜也。謂此偈呪，是切近身心，如切物器具，乃道德要務，如要行徑路。俾學戒者，於穿衣喫飯，禮佛坐禪，乃至出入行來，大小便利等，時時刻刻，撿束根識，不使一毫放逸。喩如調象施鈎，御猴用鎖。今以偈呪，制心一處，晝夜無間，則無事不辦也。但不得輕此偈呪，惟是持誦邊事。當知皆是大乘菩薩所發上求下化之弘願，及諸佛心印秘密之妙法。受戒之人，果能如是起慈悲心，具眞實念，依事顯理，發願行持者，卽同究竟覺，無二無別也。此二字：切，約理，與身心最親切故；要，約果，是道德之緊要故。合此四門，總名爲毗尼日用切要也。

淨行品，智首問云：「菩薩云何得無過失身語意業？云何得圓滿檀波羅蜜、尸波羅蜜？」豈非此中毗尼義耶？文殊答云：「若諸菩薩，善用其心，則獲一切勝妙功德。」豈非此中日用義耶？又智首問云：「云何得與一切衆生，爲依爲救爲炬爲導？」豈非此中切要義耶？準此文義，教屬圓頓，時涉華嚴。後之學者，不可忽也。箋釋法題已竟。

次、釋人題

寶華山弘戒比丘讀體重集

記 人中三意：

先、住處：寶華，山名。此山是寶誌公開闢。以人彰名，故云寶也。華者，山似蓮華形也。誌曰去金陵七十里，遠句容五十里，羣峯環繞，勢若垂蓮。般若經云：「南海北有寶華山，古佛所居。」賢劫千佛名中，有華山佛。明李太后，忽夢一山皆蓮，因下部遍搜名山，有蓮華其名者，部以此山應。勅建銅殿，并賜寺額聖化隆昌。師住此山，弘揚法化，故先舉也。

次、人名：弘戒者，人之法行也。廣布戒法曰弘，清淨身心曰戒。比丘前立此二字者，人能弘道故。不云經論而云戒者：三無漏學，固無不博，弘傳利濟專尚律宗，故云弘戒也。比丘者，僧之通稱也。翻爲破惡，修正助道，破見思惡故。讀體者，師之別名也。亮如法師云：「自性理體，讀教方成，因是取之。」今在華山，大闡律法，敎化衆生，頓徹本源心地也。按傳：師字見月，滇南白鹿郡許氏子，祖籍江南句容。洪武初開滇黔，以軍功封昭武將軍，世襲指揮使，遂世居白鹿焉。父胤昌，母吳氏，感異而生師。師生而神敏，稍長，輒有曠致逸情。善繪事，尤工大士像，人爭寶之。（一時稱爲小吳道子。）年十四，父母繼卒。伯無子，育師爲嗣。至二十七，忽念世相無常，棄襲爵而去。於劍川州赤宕嵓，遇一蘭若老僧，與語甚契。授華嚴，閱世主妙嚴品有省。遂詣寶洪山亮如法師乞度。先一夕，法師夢一人，身披袈裟，衆僧擁踞而求剃染。及旦見師，喜爲再來人也，遂與禁戒。聞江南三昧律祖慕之，偕友成拙，携瓢笠東行，艱苦備嘗。先入南岳，參伞居道人顓大師，代演楞嚴四依解。繼登破額山、馮茂山，禮諸祖道場。進九華，朝五臺。再渡大江，始遇昧祖于海潮菴。圓具戒，充上座，代講梵網，四衆莫不稱善。師猶歆然不自足，乃于藏中檢四分廣律，及餘部律文覈之。遇壅滯，禱佛求解，默坐移時，渙然冰釋。

次從昧祖，傳戒金陵報恩寺，座下千人。師臨壇敎授，忽憶昔時，夢至一大寺，金碧交輝，苾蒭雲集，自顧已成僧相。一瞿曇丹衣高座，招上授經命講，衆皆跪聽，汗流而覺。及是所見，恍符前夢焉。後隨昧祖主華山，以教授兼掌院務。廢寢忘飡，始終不怠。昧祖嘗語衆曰：「老人三十年戒幢，若非見月，幾被摧折。」示寂日，取榮昌公主紫衣，幷諸部戒本付之。師嗣席，卽以十誦勵衆。一、不與剃度爲徒；二、不受納資養老；三、不攢單給疏；四、不積蓄香儀；五、不私備菓食；六、不私設厨庫；七、不避作務；八、不行弔賀；九、不立化主募緣；十、不許絲衣晚食。有違約者，決不留住。自後依律受具，結界安居。人見聞者，咸謂南山再世也。

國初，山寇入寺蹂躪。師齋畢，以利害曉之，衆皆俯首卽刻遁去。巴厫二將軍，與陳中丞異之，給帖讚護。於是躬修般舟三昧，爲衆楷模。九十晝夜，不坐不臥。如此者二次。復遵祇園遺制，建石戒壇于銅殿之右。斸基之夜，感大士現瑞炳然，壇殿交光，直沖霄漢。師開壇說戒，少則五千指，多至萬四千指。受別請，如常州之天寧，眞州之五臺，金陵之碧峯，及紫竹林，宿遷之極樂，幷本山、慈應、天隆。所至道俗老幼，闐咽街衢。將謝世，示微疾，囑諸門人曰：「勿進湯藥。」更七日行矣。至期端坐而逝。當生于萬曆辛丑年三月三日，示寂于康熙己未年正月二十二日也。世壽七十九，僧臘四十四，坐夏三十三。經七日，荼毗時，四衆弟子，遐邇皆集，悲鳴徧埜，佛聲震天。燄光中或見佛相，紫烟內或現蓮華。火滅後，收取靈骨，獲舍利五色者不可勝數。師一生來，八坐道場，開戒七十餘期。法嗣六十餘人，門弟子以數萬計。所著止持會集（十六卷）、作持續釋（十五卷）、傳戒正範（四卷）、大乘玄義（一卷）、藥師懺法（一卷）、剃度正範（一卷）、僧行軌則（一卷）、三歸五八戒正範（一卷）、敎誡尼正範（一卷）、黑白布薩（一卷）、幽冥戒正範（一卷）等諸書，並行於世。身長大，頂肉髻，聲若鉅鐘，貌類古佛。有自謂南雞足山來者云：「師是迦葉尊者化身。」至於馬陵之枯泉自溢，龍眠之三世冤消，冥戒歸依，神龍護法，種種靈奇，難可具錄。餘詳御史李模，督河孫在豐，二塔銘，太史尤侗，侍御方亨咸二傳，及方伯丁思孔道行碑中，須者檢之。

後、纘述。重集，重聚也。結法之詞。蓋初心人難以入道，故重採經論偈呪，類聚成章，令其日用，警策身心。戒乘均急，自他共利，何因不圓，何果不證也？箋釋人題已竟。

五、別解偈文。

早覺

記 早者，清晨也。人從寐醒曰覺，後夜初覺曰早。若人熟睡之時，煩惱覆蓋，六識歸種，不起分別。就電閃雷轟，風吹石擊，亦莫能醒。名曰不覺。誠所謂暫時不在，如同死人。

毗尼母經云：「時諸比丘，貪著睡眠樂故，廢捨正業。金剛力士作是念言：『如來三大阿僧祇劫，種種苦行，乃得成佛。今諸比丘，貪著睡眠樂故，不復行道，云何得爾？』諸比丘聞已白佛，佛告諸比丘：『食人信施，不應懈怠。夜三時中，應二時禪誦經行，加功進道，以補晝之不足。中夜神疲聽其歇息。』」今從睡眠中醒，故曰早覺也。

集 經律通制：出家弟子，初夜、後夜，精勤佛道，勿貪睡眠，懶惰放逸。故醒覺時，當誦此偈云：

「睡眠始寤，當願衆生，一切智覺，周顧十方。」

記 睡眠者，五蓋煩惱中一蓋也。謂意識惛熟曰睡，五情闇冥曰眠。卽目閉神藏寢臥時也。寐覺曰寤。古云：「其寐也魂交，其寤也形開。」今言始寤者：方其將醒未醒，未受色惑以前，不落意識分別，正眼瞥睒之時，謂之始寤，卽初醒也。又寤者，如日之初昇；睡者，如日之沉墜。人之靈根，生於天地之間，禀於天道。故天日墜，而人眼亦睡，天日昇，而人眼亦開。一晝，一夜，一動，一靜，隨天道運行。若背逆天道，雖青天白日，黑於長夜，則不成睡寤矣。惟有大覺世尊，或睡或寤，而作佛事。故吾人始寤之時，當作是觀，當發是願也。然一切衆生，無明障蔽，慧照不現，如處長夜；我今覺照，令諸衆生，斷惡修善。故云當願衆生也。一切智覺者：謂十方洞照曰智，三世齊明曰覺。又云：心有所知曰智，發明大事曰覺。卽如來所證一切種智，亦名佛智。謂能以此智，知一切衆生之道法，能以此覺，覺一切衆生之因種。此皆如來愍衆生住於無明之地，而爲黑暗之所覆蔽，以大智慧日而覺照之。故云一切智覺也。周顧十方者：周顧，卽徧觀也。斯具二義：一則異於凡流，二則發明大事因緣。源從指天指地處來。謂二乘人祇見一隅，未見全像。惟如來清淨智覺，於日月不到處，而光明普照，於夢想不到處，而寤寐一如。故菩薩開智覺正眼，而能周顧，非獨覺照自己一隅，而能覺照不可說衆生，不可說世界，豁然雲開日現。故云周顧十方也。佛本行經云：「東方表湼槃最上，南方表利益衆生最上，西方表解脫最上，北方表永斷輪廻最上。」

然此一偈之中，三聚淨戒俱攝。初句律儀，二句衆生，三四善法。如初醒不容雜念，攝律儀戒，卽令持此偈文，攝善法戒。後三句，卽饒益有情戒。又約四弘誓願：初句，學法門；次句，度衆生；三句，成佛道；四句斷煩惱。菩薩發心，不離四願。餘偈皆同，不繁重例。若誦持此偈呪，以凡夫口，卽成佛口，攝之於頓。當願衆生，皆成佛道，復歸於圓。故此偈呪，是一乘圓頓法門，菩薩境界，非二乘狹劣身心，所能及也。

鳴鐘

記 聲出曰鳴，乃人所扣也。鐘者，空也。空內受氣多，故聲大。此是法器。周禮考記云：「鳧氏爲鐘。」五經通義云：「鐘者，秋分之音。萬物至秋而成，至冬而藏，故金爲鐘，相繼不絕也。」西京記云：「發鯨魚，鏗華鐘。」薛宗註云：「海中大魚名鯨，海島有獸名蒲牢，畏鯨擊，鯨一擊，蒲牢輒大吼。凡鐘欲令聲洪，故作蒲牢於上，擊鐘之木，爲鯨魚形也。」通載傳云：「拘留孫佛於乾竺修多羅院，造青石鐘。於晨擊時，有諸化佛與日俱出，密說顯演十二部經，聞法證聖，不可勝數。」故晨昏鳴之，有警策之功。

凡鳴鐘者，應先持此偈，然後執椎，念華嚴經題，并「若人欲了知」等偈，及唵伽囉帝耶娑婆訶，共三十五字。一緊一緩爲一通，三通共一百零五。末擊三下，總成百八。所以然者，事依理起，故事能顯理也。由是百八愚痴，聲聲喚醒，百八三昧，椎椎打就。

偈曰：「起七舒徐落八勤，中間二十要分明，三通纔罷鐃三下，諸佛龍天側耳聽。」增一阿含經云：「若打時，願一切惡道諸苦，並皆停止。若聞鐘聲，兼說偈讚，得除五百億劫生死重罪。」百丈云：「叢林擊鐘，早擊，破長夜之昏沈，暮擊，拔幽冥之苦暗。引杵宜緩，揚聲令長。」如昔日誌公，借武帝道眼，見地獄苦相。問曰：「何以止之？」誌曰：「惟聞鐘聲，其苦暫息。」遂詔天下寺院，凡擊鐘令舒徐其聲焉。

集 凡晨昏鳴鐘時，詣鐘前，至誠合掌。誦此偈已，手方鳴鐘，口或誦諸佛名號，或誦大乘經名，或誦秘呪，令一切有情，聞聲離苦，咸得解脫。偈云：

「願此鐘聲超法界，鐵圍幽闇悉皆聞；聞塵清淨證圓通，

一切衆生成正覺。」

記 志求滿足曰願，氣傳於外曰聲。謂纔打鐘時，即發弘誓，願諸衆生，聞聲成佛

也。第一句，因擊鐘發願。二三兩句，願苦惱衆生，離苦得樂。第四句，普爲一切。然聲有三種差別：一、執受大種聲。謂一切有情所具之聲也。二、非執受大種聲。謂風性無情，所受之聲也。三、俱執受大種聲。謂鐘鼓之聲，必待槌椎而令聲顯發於外，卽此鐘聲是也。透越一切曰超。界者，限也。萬法之所出生，萬法之所歸趣，故曰法界。然有性分二義：隨事分別，故名爲分；法性不能變易，故名爲性。謂衆生心色等法，各有差別限量故。又超者，脫也，不爲物障故。凡聽不出聲，見不超色者，是爲聲色所縛。今聲無聲相，不爲障得之所障礙，故得鐵圍悉聞。而聞塵清淨，所以超也。法者：統言有四：謂理與事，理事無礙，事事無礙也。然理法言界者，性義。事法言界者，分義。理事無礙事事無礙者，雙具二義。又有能所之別：謂法，是能具之體；界，卽所具之量。其理事不同。謂性靜明體曰理，形相分別曰事。廣大之理，咸歸一塵，一塵之色，周徧法界。先由事顯理，後得理忘言。理事交徹，圓融無礙，故名法界。卽諸佛衆生之本體也。四聖六凡，隨因感果，界分各各不同，所謂九地不知十地事。總而言之，不出一心。一心不生，萬法俱息。經云：「心生則種種法生，法生則有種種界限。」故有三乘六趣。今承此願，及法力之功，總能超越也。

梵語斫迦羅，應法師云：「輪山，舊云鐵圍。圍卽輪義。幽暗者，日月不能照處。皆由衆生業力所成，煩惱障蔽，正報相纏，依報於此，不能超脫。」故楞嚴經云：「由此無始衆生世界，生纒縛故，於器世界，不能超越。」今鳴鐘時，仗三寶威力，而令此聲上徹天堂，下通地府，皆得聞也。鐵圍等句，且約三惡道論，以聞聲脫苦故。幽闇二字，該具餓鬼、畜生，故不別言也。衆生者，假五陰之實法，成衆生之假名。聞塵清淨證圓通者，謂能轉聞塵，而成聞慧也。染汙情識曰塵，即耳根所緣之聲塵。聲塵清淨，成佛可期。如觀音修證：初於聞中，入流亡所，動靜二相，了然不生。乃至忽然超越，世出世間，證入圓通，而成正覺。故願一切衆生，亦從聞中成正覺也。此是自己鳴鐘未扣之時，所發願力，雖非佛制，有益當行。

聞鐘

記 耳根發識爲聞。凡聞鐘聲，默念此偈。默念者，心聲也。心有聲耶？心無聲耶？無聲之聲，祇可自聞，不堪人聽。故楞嚴經云：「反聞聞自性，何不自聞聞？」其心聲之謂也。

集 晨昏於行住坐臥間，一聞鐘聲時，即誦此偈呪云：

「聞鐘聲，煩惱輕，智慧長，菩提生；離地獄，出火坑，
願成佛，度衆生。」

唵．伽囉帝耶莎訶（三遍）

記　煩惱者，卽根隨二種也。與心作煩，令心作惱。故止觀云：「昏煩之法，惱亂心神是也。」一　苦聞鐘聲，持此偈呪，縱有極重煩惱，化爲輕清矣！審理曰智，分別曰慧，卽根後二智也。如觀世音，從聞思修，入三摩地，自然煩輕，慧長。菩提者，智果也。一聞鐘聲，智慧之心花頓發，菩提之道果速成。此謂寂滅現前，菩提自生也。

言地獄者：謂在地之下也。梵語泥犁，此翻苦具。又云苦器。亦名不可愛樂。謂晝夜煎逼罪人故。又地者，底也。萬物之中，地最在下，故名爲底。獄者，局也。謂拘局罪人，不得安樂，故云局也。又名無有，謂彼獄中，無有義利故。正云捺落迦。如婆沙論中，名不自在處。謂彼罪人，爲獄卒阿旁之所拘制，不得自在故。贍部洲下，過五百踰繕那，乃有其獄。然此獄有大有小。大者，八處。謂八寒八熱等，各有眷屬，其類無數。此中受苦者，隨其作業，各有輕重，經劫數等。其最重處，一日之中，八萬四千生死，經劫無量。作上品五逆十惡者，感此道生。小者，十六。謂煻煨鋒刃等。地獄是總名，火坑乃別指。是十六中之一名也。今聞鐘聲，卽能超越世出世間，自令離地獄，出火坑也。十方圓明，是曰成佛；獲二殊勝，故曰度生。若論一聞鐘聲，而卽生正念，是以煩惱輕微，智慧增長。卽轉惑障而成智德，故云菩提生也。然智慧，且約因論；菩提，正指果德。離者，解也。出者，脫也。卽轉地獄火坑苦障，而成解脫德。故云離出也。發願成佛，卽轉業障而成法身德，是爲三障消，而三德圓。故能盡未來際度生也。然未有不發願而度生者，從來亦未有不度生之佛。若衆生不自度，而先願度生者，此心卽是佛心。當知此心此願，皆從聞鐘聲處發起；一時無邊煩惱，從此截斷；無間地獄，從此而破；無盡法門，從此證入；無上佛道，從此而成。可見聞鐘利益，不可思議也。此偈呪顯密互用，理事雙彰。呪卽破地獄眞言，秘密故不翻。志心誦持，自然感應。

引證：如「付法藏傳」中云：「有罽膩吒王，以大殺害故，死入千頭魚中，劍輪繞身而轉。隨斫隨生，剎那之間，滿于大海。羅漢爲僧維那，依時打鐘，若聞鐘聲劍輪在空。以是因緣，遣信白令長打，使我息苦。過七日已，受苦俱息。」

又佛祖通載云：「上元縣有民暴死，見五木縲械者，告曰：『吾南唐先主也。爲宋齊丘所悞，殺降卒千餘人，冤訴囚此。仗汝歸語嗣君，凡寺觀鳴鐘，可延其聲，吾受苦惟聞鐘聲則暫休。或能爲造一鐘尤善。』復曰：『吾在位日，于闐國遺我玉天王像，藏於瓦棺寺佛左膝，人無知者，汝以此爲驗。』乃甦，隨奏唐主，果如其言。主感泣，造一鐘于淸涼寺。鐫其上曰：『薦烈考高祖皇帝，脫幽出厄。』以玉像建塔，葬蔣山。」

雜譬喻經云：「所在聞鐘聲，臥者必須起，合掌發善心，賢聖皆歡喜。」

又唐京師大莊嚴寺僧，名三果。有兄從煬帝南行中亡，不持齋戒，墮火坑地獄。蒙禪定寺打鐘，聲振地獄，同受苦者，皆生樂處。

集 古德云：「聞鐘臥不起，護法善神嗔，現前減福慧，後世墮蛇身。」其懶修禪誦者，報感廣在經律中，玆不繁引。

著衣

記 梵語震越，此翻衣服。太古衣皮，黃帝始製衣服。上曰衣，下曰裳。白虎通曰：「衣者，隱也。裳者，障也。」故涅槃經云：「如世衣裳，障覆形體，遮形覆隱，故名衣裳。」又衣者，依也。萬善功德，皆依淨戒而爲根本。故薩婆多論云：「一切佛弟子，皆依戒住，萬善由之生長。若能依戒修行，卽獲諸勝善根，則苦海可越，彼岸可登。」偈云：

「若著上衣，當願衆生，獲勝善根，至法波岸。」

記 若者，楷定之辭。謂楷定披著此衣之時也。上衣者：俗說長衣。曰直裰，曰褊衫，曰海靑。太白詩云：「翩翩舞廣袖，似鳥海東來。」一名道袍，亦曰恭敬衣，又名向上衣，乃表一身最勝之衣也。言著最勝之衣，當發最勝之心，及發最勝之願。當知此心此願，卽勝善根也。蓋一切衆生，失此善根，沉溺生死，故當發是願，令其善根不使沉溺，而令至法彼岸，究竟之地。如二乘三乘，皆不名究竟；唯佛一乘，乃名究竟彼岸也。又此岸，乃衆生作業受苦生死輪廻之地；彼岸，是諸佛究竟超脫清淨安樂之地也。偈云：

「著下裙時，當願衆生，服諸善根，具足慚愧。」

記 梵語泥縛些那，唐言裙。根本律云泥婆珊。又云：「厥蘇洛迦，竪一肘，横五肘。」卽下裙也。亦云泥洹僧。或名舍勒，譯爲內衣。又云短裙，卽是下裳。裙者，羣也。謂連接裙幅也。舊曰涅槃僧，訛也。旣無帶襻，其將服也。集衣爲襵，束帶以條襵。律攝云：「謂從裙邊細疊成襵，腰間總攝，形似多羅葉，上聚下散者是也。」服，猶佩也。諸善根者，一切戒善之根本也。律中明七支戒善，謂身三、口四戒善也。又涅槃經明七善法：一、知法善，十二部經也。二、知義善，文字語言也。三、知時善，以時修六度行。四、知足善，飮食衣藥。五、知自善，知自本具信戒善根。六、知衆善，行來坐起，說法問答。七、知尊卑善，信者善，不信者不善等。慚愧，七法財中二法也。謂信、戒、聞、捨、慧、慚、愧七財之中，慚愧爲守財人。內生羞恥爲慚，外生羞恥爲愧。又云：「不自失節爲慚，心無非用爲愧。」若不著下裙，則身形彰露，無有慚愧。旣無守護之人，功德法財便不具足。今著裙時，善法現前，所思無邪，卽慚愧具足處。慚愧具足處，卽清淨本源處。人之所以迷於五欲，不能清淨者，秖因不知慚愧。若慚愧具足，則清淨善法何曾欠少？故云：服諸善根，具足慚愧也。偈云：

「整衣束帶，當願衆生，檢束善根，不令散失。」

記 束帶以條褊，則諸部各異，色乃黃赤不同。裙無帶，則不能收攝其身，人無戒，則不能降伏其心。整，嚴肅也。束，收攝也。謂當檢束諸根，則外儀嚴肅其身，而內法收攝其心。身心嚴攝，則諸善道法，自當漸次增進，乃成見道用也。

下單

記 下者，從覺始下也。孤獨曰單。今以床榻而爲單者，謂受戒之人，當獨處一榻，多坐少臥故也。若在禪堂，事事隨衆。

集 鳴指三下，默念此偈呪云：

「從朝寅旦直至暮，一切衆生自迴護；若於足下喪其形，願汝卽時生淨土。」

唵．逸帝律尼莎訶（三遍。此是生天女呪。）

記 寅者，未明；旦者，已明。卽清晨明相初出時也。梵語阿留那，或云樓那，或云薩埵。漢言明相。有種種異名。明了論云：「東方已赤故。」通慧指歸云：「此方約日未出前二刻爲曉，此爲明相，以見掌紋爲限。就中有三種色：若日照閻浮提樹，則有黑色；若照樹葉，則有青色；若過樹照閻浮提界，則有白色。是中白色爲正，卽是寅旦之時也。」又別部明地了時，謂見地色明了故。暮者，金烏西墜日沒時也。薩婆多論云：「以五陰爲晝夜，若日到閻浮提界，名日沒，卽暮也。」一切者，槩指之辭。衆法相生曰衆生，以能所八法，謂地、水、火、風、色、香、味、觸而稟其質也。普曜經云：「如來過去心淨離著，不惱衆生，所行之處，脚輪不汙，蟲蟻不損。」自廻護者：謂蜎飛蝡動，微細昆蟲，皆具靈覺之性。故圓覺經序云：「夫血氣之屬，必有知；凡有知者必同體。」以我等凡夫形質，心未離著，行未齊聖，將行動之時，而願彼等自護其生命也。設若悞傷其形，卽仗偈呪法力之功，卽時往生淨土，而脫其輪廻也。

淨土者：世界皎潔，目之爲淨。是淨所居，名之爲土。乃純善所成，無四惡趣。法華論云：「無煩惱衆生住處，名爲淨土。良由衆生行有美惡，土成穢妙。娑婆五濁，由積惡而丘坑；安養七珍，因習善而華勝。」三昧經云：「凡人求道安禪，先當斷念。」人生所以不得道者，但坐思想穢念多故。五濁穢汙，不名淨土。佛制悞傷者，以其無心，故不治罪，與世律同。然亦有悞傷而還悞傷之報者，如朝埜僉載：「梁武帝素敬信榼頭師，時遣使召來。帝方與人下碁，欲殺一段。聲曰：『殺却！』使遂斬師。帝碁罷喚師。使言：『

向者陛下令臣殺却也。』帝問：『師臨死有何言句？』使曰：『師云：貧道前劫爲沙彌時，以鍬剗地，悞斷一曲蟮，今帝是也。此報固宜。』」由是觀之，悞殺仍以悞償，可不愼歟！

引證：分別功德經云：「第一念佛何事？佛身金剛，無有注漏。若行時，足離地四寸，千輻相紋，跡現於地。足下諸蟲，七日安隱，若其命終，皆得生天。」昔有一惡比丘，本是外道，假服誹謗。逐如來行，自殺飛蟲，著佛跡處，言佛踏殺。然蟲雖死，遇佛跡處，尋還得活。所謂念佛，其義如此。

行步不傷蟲

記 行步者，乃四儀中之一法也。不傷蟲者，謂具仁慈之心，而發護生之念也。有足曰蟲，無足曰豸。此躡上偈而來。謂下單鳴指已，臨擧步時，心中作觀，卽誦此偈咒云：

「若擧於足，當願衆生，出生死海，具衆善法。」

唵．地利日利莎訶（三遍）

記 擧足者，行儀也。謂修道之人，行住坐臥，常當調攝其心，不使一毫走漏。是故凡欲擧足，必先擧心持此偈咒，則心不外馳，念不虛動，善法自具，道業自成。所謂經行及坐臥，常在於其中。卽是體會中道之理，則生死大海可越，涅槃山頂可登。生死海者，言廣大也。古云：「生不知來處，謂之生大；死不知去處，謂之死大。」故云如海之廣大也。如是廣大欲出不難，只要具衆善法也。善法者，卽菩薩行願。謂先以行滿所願故。於是菩薩，凡舉足時，卽願一切衆生，出生死海也。若衆生同于菩薩行願，何處見有生死？秖爲行願不同，妄執塵勞，造諸不善，所以飄蕩苦海。若能一念回頭，具衆善法，則彼岸在卽，苦海斷流。衆生名盡，佛亦不爲，是名至善。何愁善法之不具耶？

出堂

記 出者，對入而言。謂舉足向外行也。堂者，殿也。亦卽禪堂，乃十方衲子棲心修道之處。龐居士云：「十方同聚會，箇箇學無爲，此是選佛傷，心空及第歸。」此之謂也。偈云：

「從舍出時，當願衆生，深入佛智，永出三界。」

記 舍者，屋也。止息爲屋。又置也，能置身安宿之處。亦云堂舍，又小屋爲舍。言深入佛智永出三界者，乃託事以明理。謂出有爲之舍，而入無爲之智也。佛智者：世出世間，無有與等。以知覺之性，窮盡衆生因果業性，若好若惡，一一本末，咸悉知之。大經云：「如來智慧，無處不至。」故云佛智，亦名自然智，無師智也。又此佛智，人人本具，只因情塵覆蔽，乃有聖凡，故須深入也。三界者：華嚴孔目云：「一、欲界。欲有四種：謂情欲、色欲、貪欲、婬欲也。下至阿鼻地獄，上至第六他化自在天，男女相參，多諸染欲。欲名欲界。二、色界。色卽色質，已離欲界穢惡之色，猶有清淨色在。始從初禪梵天，終至阿迦膩吒天，凡有十八天，並無女形，亦無欲染，皆是化生，尚有色質，故名色界。三、無色界。謂但有心識，而無色質。始從空處，終至非非想處，凡有四天，但有受想行識四心，而無形質，故名無色界。若出三界得證有餘涅槃，則絕分段生死。若永出三界，得證無餘涅槃，則無變易生死。而五住盡，煩惱忘，深入佛智矣。」合參云：「此偈如華嚴玄奥之大福，兼貫法華譬喻之全章。然毗盧圓鏡，豈有去來？火宅窄門，能無出入？故知無火而火。欻然三界者，大火宅也。其有小智聲聞，已出此舍，暫得遊戲者，小火宅也。不知舍外之火，殆有甚焉。若非深入佛智，曷能速離火宅，頓入清涼哉？」

登　厠

記　從下而上曰登，居高臨垂曰厠。厠，圂也。說文，清也。古謂之清者，以其至穢之處，宜常修治，使清潔也。又厠者，雜也。言一切人雜厠其上故。律攝云：「應於寺之東北角，安置圂厠。四邊應裁荆棘，大小行厠，並須別作，各安門扇，皆著傍居。其便利處，宜在屏處。凡欲入廁，應脫上衣，在於上風，淨處安置。」

集 欲大小便卽當行，莫待內逼倉卒。須脫換鞋脚，不可淨鞋入廁。至，當三彈指。有二義：一、使內人知，不得迫促內人使出。二、恐噉穢之鬼，令他避之。上槽，復當三彈指，默念此偈呪云：

「大小便時，當願衆生，棄貪嗔痴，蠲除罪法。」

唵·狠魯陀耶莎訶（三遍）

記 大小便者：謂順利不淨，令身輕安也。經云：「一切衆生，皆依食住。」謂資益諸根，長養四大故。旣有飲食滋味入於腸胃，則輕清上升，重濁下墜，故有便利。可見人之一身，兼淨穢世界也。淨世界，卽戒定慧之福業；穢世界，卽貪嗔癡之罪法也。貪嗔癡者，名三毒煩惱。今以棄除不淨穢濁，而對治三毒，令淨盡故。此三毒乃是起業造罪之因，今故以戒防之。三毒之因旣空，則當來業果何存？故古德云：「向穿衣喫飯時，屙屎撒尿處不離用心，便是好工夫，何愁不透脫也？」若能悟此淨穢本源，則可以悟大千世界不在心外。從此垢盡心淨，不知吾身之爲法界，法界之爲吾身，我身法界，非一非二，則三毒自去，罪法自除也。

就水

記 就者，近也。水者，潔身之謂也，根本百一羯磨云：「世尊說不淨染汙教者，欲除去臭氣，令安樂住故。」佛言勝義洗淨有三種：一、洗身；二、洗語；三、洗心。毗奈耶云：「佛告苾芻，汝等當知，此是當行法，當須存意。如是洗淨，有大利益，令身潔淨，諸天敬奉。是故汝等，若依我爲師者，咸應洗淨。若不洗者，不應遶塔、禮佛、誦經，不禮他人，不受他禮，不應噉食、坐僧床榻，不得入衆。由身不淨故，能令諸天，見不生喜，所持呪法，皆無靈驗。若違，得惡作罪。」

集 大便畢，臨水卽念此偈呪云：

「事訖就水，當願衆生，出世法中，速疾而往。」

唵·室利婆醯莎訶（三遍）

記 事訖者，謂大小行事已畢，就水洗僻處時也。此當願者，非同世間之願，及世間之法。當爲衆生，發出世之願，說出世之法。具有優劣於此，何也？於世間法，秪名事相而已；在出世法中，卽事顯理，深達中道之義。速疾往者：言五濁惡世，所見所聞，無非煩惱惡業，纏縛身心，沉淪生死，流轉三界。如處牢獄，受罪之法，牢獄尚有盡期，煩惱實無邊際也。三毒如此利害，是故喻如穢厠，不可久停，故當速離世間穢濁之行，而行出世清淨之法也。如經律所明：入厠洗淨，若不默持諸呪，縱用七恒河水洗之，不得清淨。何以故？種子不淨故。

洗淨

記 洗者，除也，謂除去不淨，而成潔淨，故曰洗淨。偈呪云：

「洗滌形穢，當願衆生，清淨調柔，畢竟無垢。」

唵．賀曩密栗帝莎訶（三遍。用左手後二指洗之。）

記 洗滌者，清淨義，卽蠲棄也，謂此幻形之有穢濁，必假淨水方得蠲棄也，若不滌除惡觸，不合受用僧伽敷具床榻。律攝云：「若苾芻受食，未漱口以來，乃至大小行訖，未將淨水去穢，受禮、禮他、授法、聽法，皆不聽許。不坐床座，及噉飲食，違者得罪。」然雖洗滌，必仗偈呪法力之功，方可身心清淨，乃得調柔也。而云畢竟無垢者，卽事以明理。謂此身心，皆因煩惱、所知二障所纒。而我法二執未空，自從無始以來，無明障蔽，眞理何能得顯？今之所以畢竟無垢者，以持戒之功勳，以定慧之力用，畢竟清淨，畢竟無染。則知寂淨光生，煩惱永喪矣！

洗手

記 手是總名。乃吾人身形所具，能司執持之支分。若無掌，不可名手，無指，亦不可名手。有掌有指，方名曰手。兩手，太陽之精也。字魂陰掌圖法天，指法五行。大曰拇指，第二曰食指，中曰將指，第四曰無名指，第五曰小指，第六曰枝指。謂既專執持，則穢觸難免，故當洗焉。偈呪云：

「以水盥掌，當願衆生，得清淨手，受持佛法。」

唵．主迦囉耶莎訶（三遍）

記 水，柔爲性，離垢去染爲用。盥者，澡也。以掌掬水澡淨曰盥掌。夫手沾塵垢，今淨水去其掌垢，表法水除其心垢。所謂日新又新，純其德也。當願衆生者：謂持戒之人，所修梵行，願生身心清淨，受持如來清淨法味，續佛慧命，化化不絕也。言佛法者：廣則百千三昧，無量法門，乃至三藏十二部；異則一四句偈，皆名佛法也。唵下誦呪之時，一浣而再浣。再浣至七浣，自然佛法現前。究竟我手、佛手、衆生之手，同於清淨，同於受持。是眞清淨佛法之手，受持佛法也。

引證：師子國釋迦彌多羅，三果人也。麟德初來京，高宗尊處禁中。總章初，康藏猶爲居士，請受菩薩戒。衆謂梵僧曰：「是行者誦華嚴，兼善講梵網。」梵僧驚歎曰：「但持華嚴，功用難測，況解義耶？若人誦淨行品，百四十願，已爲得菩薩具足戒者，何煩別授？西國相傳，有人讀此經，以水盥掌，水沾蟲蟻，其捨命者，皆得生天。何況持說此經，教化衆生者乎？此賢者後來必廣大饒益一切也。」

集 若但小便時，唯用水洗手一次即淨。若是大便，去穢後洗手，或用灰泥皂角，如法洗之。溪堂雜錄云：「元祐中有蜀僧智超法師，嘗誦華嚴經，已三十年。偶見一童子，風貌清爽，擧手高揖。超曰：『何來？』曰：『五臺來。』超曰：『何遠至此？』曰：『有少事欲相導故。』超曰：『願聞。』曰：『吾師誦經，固可嘉矣！但失在登厠洗淨時，觸水淋其手背，而未常用灰泥洗之。所用灰泥，律制七度，今但一二。緣此觸尙存，禮佛誦經，悉皆得罪。』言訖不見。超慚而改過。識者或曰：『此必文殊化現，有警於超也。』」故知洗手，必須依法。因果經云：「觸手請經，當獲厠中蟲報。」

洗 面

記 額前曰面，又頭面也。凡物皆有背有面。又相向爲當面，乃一身之首，起則先見於人，既先見人，必先見佛。故須日日早淨，以便行禮持誦也。念偈咒云：

「以水洗面，當願衆生，得淨法門，永無垢染。」

唵．藍莎訶（默持二十一遍）

記　以水洗面者：謂此幻質，乃不淨之體，九孔常流于外，面向竅次所在，常涕唾不淨之物，故須水以滌除之。是故每於晨朝沐其面也。楞嚴經云：「自未得度，先度他人，菩薩發心。」故行者洗面，卽先發是願也。淨法門者，卽事顯理。以八萬四千塵勞之門，轉爲八萬四千清淨法門，亦卽是陀羅尼門。此門總一切法，持無量義，乃至三賢十聖，遊履之門，一切行人解脫之門。若能眞窮惑盡，本來面目不假拭而明矣。如上之門面，自得之後，直至成佛，畢竟清淨，故曰永無垢染也。

飲水

記　飲者，咽也。梵語阿伽，此云水。水者，準也。準平物也。名義云：「潤萬物者，莫過於水。形爲四大，氣冠五行。」五分律云：「有內用，有外用。內用者，飲食之屬；外用者，澆灌浣濯洗和之屬。」上偈洗面灌沐等，是外用。而此偈呑咽等事，謂內用也。念偈咒云：

「佛觀一鉢水，八萬四千蟲；若不持此呪，如食衆生肉。」

唵．縛悉波囉摩尼莎訶（三遍）

記 水中生靈甚微，人之眼根麁障不能觀察，惟佛五眼明淨，徹見微細昆蟲，非凡小肉眼能視。既見斯類，以慈悲故，說此偈呪。薩婆多論云：「舍利弗以淨天眼，見空中蟲如水邊沙，如器中粟，無量無邊。見已斷食，經二三日，佛勅令食，凡制有蟲水，齊肉眼所見，漉囊所得，不制天眼見也。」鉢者，受食之器。今顯一鉢水，具有八萬四千蟲者，謂人身具有八萬四千戶蟲，今以鉢水曉之，若持此呪，卽成法水，生自遠離。如初果耕地，蟲離四寸耳。若不持者，食之盡爲血肉矣。故持戒比丘，每於飲用時，雖有漉囊濾過，而疑惑未除，必須仗此偈呪法力之功，默念三遍，則飲用者可無愆尤矣。故云：若不持此呪，如食衆生肉也。

五　衣

記 五者，五條；衣者，依也。謂依此以庇寒暑也。斯乃出世法服，非同世俗可比。當護之如皮，敬之如塔。薩婆多論云：「此衣九十五種外道所無，惟佛法中有也。」

集 梵語安陀會，此云作務衣。五條：一長一短。凡寺中執勞服役，路途出入還，當著此衣，誦此偈呪。戒壇經云：「五條表斷貪，淨身業也。」念偈咒云：

「善哉解脫服，無上福田衣；我今頂戴受，世世不捨離。」

唵．悉陀耶莎訶（三遍）

記　此偈以因招果，顯密互用，二利均霑故。上二句出名義，下二句乃發願。唵字下是密語，非名言可能解釋也。善哉者：讚其衣之功德殊勝，不可思議，有大利益故。去粘曰解，去縛曰脫。言此衣爲解粘去縛，無垢之服也。如世間美服，多屬蠶口，故塵世衆生，觸愛細滑，爲惡所染，不善解脫。出家受具，由習戒故，定便久住。由習定故，淨慧自生。由此三學精明，故於三毒邊一一解脫。可見此衣能生善法，能伏煩惱。故曰解脫服也。無上者：謂此衣有出世功能，超過世間一切斑彩錦文，王臣之服，天上天下，乃至九十五種外道，無有勝於此衣，故名無上也。福田者：法喻雙舉也。大意借田說法，謂戒乃人世福田，檀越種福。僧著袈裟，現田紋相，名曰福田。如世間之田，生長苗稼，以養形命。而此福田之衣，能與沙門生長智慧，滋培五分法身也。我今頂戴受者，指披著之人，頂之于首，戴之于身，如是受持，尊重之至也。世世不捨離者：謂此法服，非但今生盡形受持，乃至盡未來際，不願捨離也。

七衣

【記】七衣者，七條之衣也。然此三衣，名義衆多。謂能降伏衆魔，故曰忍辱鎧；不爲欲泥汙染，故名蓮花服；龍得一縷，不爲金翅鳥所食，故名救龍衣；生死煩惱，由斯解脫，故名解脫服。經律通名袈裟，此云壞色。如世間紅黃紫綠白色，人人所愛，愛卽是貪也。施來我出家人得之，如法染成青、黑、木蘭三種色，除自己貪著之心，壞彼好色，故云壞色。亦名不正色。謂不住於色，住色卽非正色。亦云染色，表心染於法，要染無所染，方名曰染。然二乘之染，非眞染，必要心染大乘，方名眞染。眞染卽大仙道也。能於正法除其結使，名爲究竟寂滅之衣。

【集】梵語鬱多羅僧，此云入衆衣。七條：二長一短。凡赴齋聽講、持誦、坐禪、禮佛、禮塔、禮和尚、上座、僧和集時，當著此衣，誦此偈呪。七衣表斷嗔，淨口業也。念偈呪云：

「善哉解脫服，無上福田衣；我今頂戴受，世世常得披。」

唵·度波度波莎訶（三遍）

【記】佛制三衣，著用有時，旣披著有時，當恒近左右，不使遠離。今言常得二字者，正明披著有時，不相混雜也。披此衣者，即解脫之服，故願世世生生常得披着，而解脫煩惱也。

大衣

集　大者，衣中之主也。在五、七二衣之上，故稱云大。又名祖衣，謂此衣雖是麁疎麻布，乃佛佛授手，祖祖相傳，出世證道之衣。三世如來，皆著此衣，而成道果，故衣名法衣。昔日世尊以實相無相之宗，傳於迦葉爲西域初祖，即是此衣作證。承此衣以傳燈，而法脉條貫，傳於今日，未常溷亂，所以名之，故此衣表傳法之信也。妄與不得，妄受不得，會佛法者則得，不會佛法者不得。故五祖付能大師曰：「昔日達磨初來東土，人未至信，故傳衣以明得法也。」有是義，名爲法衣。

引證：南山感通傳中，天人黃瓊語宣祖曰：如來臨涅槃時，告文殊師利：「汝以神力，往祇洹中堂西寶樓上，取我珠函，將示大衆。我初踰城，離父王宮，到彼叢林，身小疲怠，權時止息。時彼樹神，現身告我言：『汝今修道，定得金色之身，爲三界大師。迦葉佛涅槃時，付囑我珠函，幷絹僧伽梨，令我轉付囑汝。』我語神言：『汝絹僧伽梨，非我所用。我聞先言，諸佛出世，不著蠶絲，我今修道，如何害生？汝今是魔，故來相惱。』樹神告言：『汝大智人，何輒麤言？諸佛慈悲，不著蠶衣，此絲化出，非是害生。

汝今受此，我卽開函。』見迦葉佛書云：『我初成道時，大梵天王施經，堅牢地神施緯，共成一法衣。絲是化出，非是繰蠒。由是義故，我自成道以來，常披此衣，未曾損失。今付悉達，若得成佛，轉毗尼時，當爲我著。願汝受持，勿令損失。』」「又我初成道時，乃至涅槃，唯服麤布僧伽梨，皮白氎三衣，未曾著蠶衣繒帛。何爲惡比丘等，謗黷我云：『毗尼開許著之。』我初成道，大愛道比丘尼，手執金縷袈裟，持施與我。我不敢受，令持施僧。我於三藏教中，雖聽用繒綵供養佛法僧，然本非蠶口所出絲綿。我此閻浮洲內，及以大洲之外，有千八百大國，並有繒帛絲綿，皆從女口出之。由不殺害衆生命故，福業所感，故從女口中出。問：『何以得知？』答：『若欲須絲作衣時，至桑樹下，便有二化女子，從彼樹下出。形如八歲女，從口吐絲。彼國人等，但設繀車，從女口中取絲，轉至繀車上。取足便止，化女卽滅。』我聽著繒綵者，是此女絲，及天繒綵，本非害生取絲綿故。故此僧伽梨，當用布褐作，令末世比丘，不得樂好衣服也。」

集 梵語僧伽黎，此云雜碎衣。有上中下九品衣，下下品九條，下中品十一條，下上品十三條，皆二長一短。中下品十五條，中中品十七條，中上品十九條，皆三長一短。上下品二十一條，上中品二十三條，上上品二十五條，皆四長一短。長多短少，表聖增凡減故。凡入王宮，陞座說法，入里乞食，降伏外道，當著此衣，誦此偈呪。表斷癡，淨意業也。念偈呪云：

「善哉解脫服，無上福田衣；奉持如來命，廣度諸衆生。」

唵·摩訶迦婆波吒悉帝莎訶（三遍）

記 奉持如來命者：謂如來本願，廣度一切衆生，今受如來淸淨戒法，正當恭敬奉持如來慈命修行，紹隆佛種。以此善法，攝化衆生。前二偈秖爲自利，而此偈，專爲利他。故曰廣度諸衆生。直下擔荷佛祖之慧命也。增輝記：問：「何不增四減二，惟三者何？」答：「三奇數屬陽，陽能生萬物。今制三衣，表生萬善，取益物之義也。」如上三衣，原是比丘法服，沙彌尙不許著，何況初發心人？今欲令其預知者，讀此偈呪，先知菩薩行願殊勝故。然今佛法秋晚，道器難全，一有發心，三壇頓受。故戒期中，沙彌少有兩月行持者，三衣尙難置足，何況再縵耶？故令先讀偈呪，俟披著時，以便憶持。如年不滿，仍須縵服。僧祇律云：「三衣者，聖賢沙門標幟，非俗人所爲。」

慈雲懺主辨惑篇云：「此三衣，定是出家之服，非在家所披。」舍利弗問經云：「云何於訓戒中，令諸子偏袒右肩？又爲迦葉村人，說城喩經云：我諸弟子，當正披袈裟，俱覆兩肩，勿露肌肉，使上下齊平，現福田相，行步庠序。又言：勿露胸臆。於此二言，云何奉持？佛言：『修供養時，應須偏袒，以便作事。作福田時，應覆兩肩，現田文相。』云何修供養？如見佛時，問訊師僧時，應隨事相。若拂床，若掃地，若捲衣裳，若周正薦蓆，若泥地、作華，若撻高足下，若灑，若移，種種供養之時。云何作福田時？國王請食，入里乞食，坐禪，誦經，巡行樹下，人見端嚴，有可觀也。」

律制三衣，有名有體，有色有量，乃至造法等，事極微細。惟願擔荷法門者，詳閱開導後學，不至斯法斷滅也。名義如上。體，謂十種衣財，異于艸木皮髮毛綺錦綉等，邪命希求，皆不成衣故。色，謂青、黑、木蘭三種，非五大上色故。聽以刀截，成沙門衣，如馬齒，鳥足縫之，須順左右條開。不作，卽同縵服，非俗五彩、斑文、羅縠等。量，謂肘長短，度身而衣也。作，謂條齒縫刺如式也。若互增互減，受用有愆，不依律法，著用犯罪。惡心毀壞得罪如律。行則隨行，住則隨住，敎甚繁廣。行之在人，信則成佛可期，違則三途難免。

集 蓋此三衣，而稱福田者：增輝記云：「田畦貯水，生長嘉苗，以養形命。法衣之田，潤以四利之水，增其三善之苗，以養法身慧命。」

藏義經云：「袈裟有十種利益：

一者、菩提上首。

記 菩提，大論釋名佛道。上首者，第一也。欲求佛道，先別形儀，外著袈裟，內心自攝。身心既攝，得入道門，是知袈裟，爲入佛道之第一也。

二者、衆處人天。

記　衆，即僧衆。處者，居也。諸天著樂，六道升沉，不能修行無上菩提。故律云：「受具足戒已，於天人魔梵外道婆羅門衆中，比丘比丘尼僧，最爲第一。」是知著袈裟者，衆處人天之上也。

三者、父母反拜。

記　父母者，生身之本。辭別出家，應無子分。反者，答也。謂答其拜也。律中見父母，秖宜問訊。適或念劬勞恩重而拜者，父母必云：「身著袈裟是佛弟子。」而答拜之。此是袈裟之利益也。身無法服，未必如斯。普曜經云：「淨飯王告優陀耶：『汝往佛所，稱我志意。佛本有要，得道當還，須依往言，時來相見。』優陀耶到，具宣王意。佛即許可，七日當往。時優陀耶白王消息，王聞歡喜，與諸羣臣四十里外奉迎世尊。佛與金剛力士，梵釋四王，諸比丘衆，放大光明，乘空而來。漸欲近王，王與臣民，夫人采女，見已禮拜。佛現種種神變，諸方出沒，意遮衆生，誹謗事故。王禮拜已，佛乃下地，問訊父王，少病少惱起居輕利。禮問已畢，王與佛，一切大衆，還於國中，說法化利，得道者衆。」此即父母反拜，佛示不受，佛還問訊。說法化利，後世僧衆准此思之。

四者、獅子捨身。

記　梵語僧伽彼，此云獅子。賢愚經云：「昔有辟支佛，在山林中福度衆生，禽獸亦附。時有獅子，名曰堅誓，身毛金色，食菓啗草，不害羣生。有一獵師，剃除鬚髮，身著袈裟，內佩弓箭。見獅子來，而心念言：『可殺取皮，以用上王，足得脫貧。』便以毒箭射傷。獅子欲害，見著袈裟，便自念言：『著袈裟人，必得解脫。此袈裟乃是三世聖人標相，我若害之，則起惡心，向三世賢聖也。』念已，息害而死。」由敬袈裟故而捨身也。

五者、龍披免難。

記　梵語那伽，此云龍。乃鱗蟲之長。能大能小，能長能短，春分而登天，秋分而入地順也。龍王經云：「龍王白佛言：『如此海中，無數種龍，金翅鳥王，常來食之，我等日夜恐怖，求佛救護，令得安隱。』於時世尊卽脫身上所著皂色衣，與龍王曰：『汝取是衣，分與諸龍，皆令周遍。於中乃至值一縷者，金翅鳥王不能觸犯。』」

六者、國王敬信

記　僧祇律云：「尊者達尼迦，闇取官材，罪在不捨。瓶沙王信敬三寶，見達尼迦身著袈裟，雖取官材，釋然不問。」

七者、衆生禮拜。

記　經云：「六道四生，見著袈裟者，莫不恭敬禮拜，奉爲最上福田。」故律云：「比丘浣故袈裟，湖神取汁而灌身。外道持新氎來洗，湖神却言：『莫汚我水。』」可見袈裟，尊重如是。

八者、羅刹恭敬。

記　昔有一山居僧，在深嵓宿，以衣障前。有異人來，形極可畏，伸臂內探，畏觸袈裟，礙不得入，遂免得脫。如是衆相，難可具述。

九者、天龍護祐。

記　律云：「凡有袈裟之處，一切天龍善神，咸皆守護故。」

十者、得成佛道。

記　僧祇律云：「佛告阿難：『過去諸佛著如是衣，得成佛道。未來諸佛，亦當著如是衣，得成佛道。如我今日，以刀割截，成沙門衣，不爲怨賊所劫。此是解脫服，福田之衣。若有衆生起一惡心，向三世諸佛、辟支、羅漢，及著染衣人，獲罪無量。所以者何？壞色之衣，是賢聖標式。若能發心，敬染衣人，獲福無量。我由信心敬戴之至，得成佛道也。』」

引證：宣律師感應因緣云：時四天王臣子，白宣律師曰：「如來臨涅槃時，告文殊師利及大衆言：『我初入山學道，以無價寶衣，貿得鹿裘著。有樹神現身，手執僧伽黎，告我言：汝今修道，定得正覺。過去迦葉佛涅槃時，將此布僧伽黎，付囑於我，令善守持，以待仁者出世，令我付與。我欲受時，地便大動。樹神告言：今爲汝開衣，示福田相。我見相已，即入金剛三昧定。地又大動。樹神又言：汝今猶是俗人，未合披此法衣。當置頂上，恭敬供養。汝求佛道，不爲魔撓。我依樹神，頭頂戴之，大地震動。我六年苦行，身體既羸，衣猶頂上，不敢辭疲。梵王見之，起大悲愍，將我伽黎上至梵天，地又大動，日月無光。堅牢地神告梵王言：汝可持衣還安頂上。梵王依教，大地乃安，日月還明。太子問梵王言：汝知僧伽黎在我頂上意否？答言：不知。此爲未來諸惡比丘比丘尼等，不敬我解脫法服，不受持三衣，亦不持戒，令法速滅，故以衣在頂上住也。』」

又悲華經云：「佛於寶藏佛前發願：『願我成佛時，袈裟有五種功德：一、入我法中犯重邪見等，於其念中，敬心尊重，必於三乘授記。二、天龍鬼等，能敬此袈裟少分，即得三乘不退。三、若有鬼神諸人，得袈裟乃至四寸，飲食充足。四、衆生共相違背，念袈裟尋生慈心。五、若持此少分，恭敬尊重，常得勝他。』」

記 此五種功德，卽前十種利益，及出生第二偈義也。一、卽前菩提上首義。二、卽父母反拜，衆生禮拜，天龍護祐，得成佛道義。三、卽後出生第二偈義。四、卽獅子捨身，國王敬信義。故瓔珞經云：「若天龍八部鬪諍，念此袈裟生慈悲心。」五、卽衆處人天，龍披免難，羅刹恭敬義也。如次思之，自然可曉。

大論云：「釋子受持禁戒是其性，剃髮染衣是其相。」四分律藏中：佛告諸比丘：「隨所住處，與三衣俱。譬如鳥之兩翼，恒與身俱。汝等捨本族姓，以信出家，應當如是。所到之處，法衣隨身，不應離宿。」僧祇律中：佛言：「比丘三衣一鉢須常隨身，違者出界結罪。當敬三衣如塔想。」十誦律中：佛言：「護三衣如自皮，護鉢如眼目。所行之處，與衣鉢俱，無所顧戀，猶如飛鳥。若不持此三衣入聚落俗人處，犯罪。」五分律：三衣謹護，如身薄皮，常須隨身；如鳥之羽，飛走相隨。大乘梵網菩薩戒中：佛言：「若佛子，常應二時頭陀，冬夏坐禪，結夏安居，常用楊枝、澡豆、三衣、瓶、鉢、坐具、錫杖、香爐、漉水囊、手巾、刀子、火燧、鑷子、繩床、經、律、佛像、菩薩形像。而菩薩行頭陀時，及遊方時，行來百里千里，此十八種物常隨其身，違者結罪。」蓋三衣一鉢，乃佛佛親持，祖祖授受，七衆同遵，兩乘共制。若云出家佛弟子衣鉢可離，東西兩土軌則不同者，請閱三藏，何經何律何論許開？當知佛言可信，凡語無憑。有智慧者，勿染邪風，須堅信力爾。

記 業疏云：「所以衣鉢隨身者：由出家人，虛懷爲本，無有住著，有益便停，故制隨身也。」大悲經云：「但使性是沙門，汙沙門行，形是沙門，披著袈裟者，於彌勒佛乃至樓至佛所，得入涅槃，無有遺餘。」僧祇律云：「僧尼有戒德者，若俗人求破袈裟段，欲禳災者，聽與少分。」

臥具

記 尼師壇者，乃百一衣屬也。同氈蓆之形，名爲敷具。如衾被之形，名爲臥具。蓋謂敷之而臥也。敷之而坐，卽爲坐具。敷之襯足，卽爲襯足衣。名含多義，故屬百一衣中之數也。

記 梵語尼師壇，此云坐具。亦名隨坐衣。亦名襯足衣。長佛二磔手半，廣佛二磔手。僧祇律云：「如來一磔手，二尺四寸。此約小尺。若准大尺，可二尺許。不得作三衣，不得淨施，及取薪草，盛物雜用，唯得敷坐。若道行，至坐處，取坐之。」十誦律云：「新者二重，故者四重。不應受單尼師壇。律中本制緣起，爲身，爲衣，爲臥具故。」事鈔云：「爲身者，恐坐地有所損故。次爲衣者，恐無藉三衣易壞故。爲臥具者，恐身不淨，汚僧床榻故。」律云：「新尼師壇，故者緣四邊，以亂其色。若作，應安緣。」五分律云：「裁作三分，長頭餘一分帖四角。不帖則已。」根本律并寄歸傳中：不聽禮拜，用以敷展。西域五天竺，罕其見聞。此方禮拜展用，不知傳起何時？如遵聖制，不用爲正。若論爲衣，展禮無妨。詳明於斯，學者隨便。念偈咒云：

「臥具尼師壇，長養心苗性；展開登聖地，奉持如來命。」

唵．檀波檀波莎訶（三遍）

記　此偈顯密互用。第一句華梵雙舉，卽此一句，可見全體之用也。下三句，乃見全用之體。究竟體不離用，用不離體也。心苗者：菩提種子，發生之苗也。展開者：如布種之法也。若坐，當改云：展開跏趺坐，展開之時，如種子之得地。而言聖地者：謂千聖共遊之地，卽尼師壇之別名也。言一切凡夫不登此地，何由得證聖位？一切種子不布此地，何由長養心苗？如者：法身之理。來者：應身之用。法化冥一，故曰如來。奉持者：遵佛之制，而行無持無作之法也。無持無作之法，卽是培植心苗之法。培植心苗之法，卽是奉持如來之慧命也。昔日有羅漢比丘於山嵓入定時，獼猴將坐具偏袒右肩，合掌右遶三匝跪地。比丘出定歎曰：「畜生尚有佛性。」比丘卽與受三歸五戒。獼猴歡喜舞跳，失足墜嵓而死，卽生兜率天宮。

名義中天神黃瓊云：「元佛初度五人，迦葉兄弟，并制袈裟左臂，坐具袈裟之下。後度諸徒侶漸多，年少比丘，儀容端美，入城乞食，多爲女愛。由是製衣角在左肩。後爲風飄，以尼師壇鎭上。」增輝記云：「佛先許安左肩上鎭衣。後因有一外道名曰達摩多，問一比丘曰：『汝肩上片布何名？何用？』比丘答曰：『名尼師壇。是坐具。』又問：『汝所披衣何名？有何功德？』答言：『忍辱衣。三寶之相。上制天魔，下降外道。』達摩多曰：『此衣既有如是功德可貴，有大威靈，豈得以所坐之布居其上？若汝自爲，師何不教？若師教者，此法不足可尊。』比丘白佛。佛制還安左臂衣下，但不得垂尖角如象鼻、羊耳等相。」是故今遵佛制，令諸比丘，以坐具置於左臂袈裟之下也。」

登道場

記 登者，陞進也。一達無爲證眞之地，名曰道場。又云：十方諸佛得道之場，卽無生庭也。或名爲寺，卽法庭也。或名僧伽藍，益福生善也。或名淨住舍，或名法同舍，或名出世間舍，或名清淨無極園，或名金剛淨刹，或名寂滅道場，或名遠離惡處，或名親近善處。並隨義立名，各有所表。此是善人住處。信心長者自念言：「我何時當得居如是出塵垢之處？」今則不論丹青雕塑，但有佛像在中，卽名道場。如一見時，卽當持此偈呪云：

「若得見佛，當願衆生，得無礙眼，見一切佛。」

唵·阿密栗帝吽潑吒（此是譯音，重音不重字。三遍）

【記】若得見佛者，即初心懇意之句。言佛不易見也。當願者：是二利之弘誓。謂既得見佛，當生自慶。然佛性人人本具，何不易見？惟其本具，故不易見。所謂不見廬山眞面目，只因身在此山中故也。言衆生不易見佛者，秖爲妄想執著爲礙耳。若妄想消盡，本覺始覺，同一圓明，同一淸淨，況有生佛之名，能所之相分別哉？所以得無礙眼，即得見佛。得見佛者，即是佛見。是佛見者，即無礙眼。言無礙眼者：謂具五眼圓明也。所謂天眼通非礙，肉眼礙非通。法眼唯觀俗，慧眼了知空，佛眼如千日，照異體還同。楞嚴經云：「阿那律陀見閻浮提，如觀掌中菴摩羅果。諸菩薩等，見百千界，十方如來，窮盡微塵，淸淨國土，無所不矚。」如天眼通，但能見六道衆生，死此生彼，苦樂之相，及見世間種種形色，無有障蔽，而未得徹見一切佛也。衆生洞視，不過分寸。今之所謂無礙眼者，乃是佛之知見，故得見一切佛也。

讚佛

【記】梵語婆師，華言讚歎。讚者，美其德也。善見律云：「聽汝作唄。」唄，言說之詞。法苑珠林云：「尋西方之有唄，猶東國之有讚。讚者，從文以結章。唄者，短偈以流頌。比其事義名異，意實同耳。」佛之功德，讚莫能窮。然非讚，無以致其敬。是故凡覩慈顏，應當讚頌。佛者，覺行圓滿也。根本雜事云：「勿居顯露，違者得越法罪。」若禮敬之時，端身齊足，合掌讚云：

「法王無上尊，三界無倫匹，天人之導師，四生之慈父。
我今暫歸依，能滅三祇業，稱揚若讚歎，億劫莫能盡。」

記 法者，軌持義。謂一事一法，皆軌持故。王者，往也。謂佛所說法，無有高下，平等教化，一切衆生所歸往也。又云：王者，自在義。謂以法攝護衆生，令得安樂，故名法王。經云：「我爲法王，於法自在。」又王者，有乎二種：一者輪王，王四天下。二者法王，統攝大千。如世間以輪王爲尊，而出世間以法王爲重。故曰無上尊也。梵語阿耨多羅，秦言無上。大論云：「如諸法中，涅槃無上。衆聖之中，佛爲無上也。」三界無倫匹者：依自誓三昧經云：「初欲界有四：㈠情欲，㈡色欲，㈢貪欲，㈣婬欲。欲強色微，故云欲界。二色界有二：㈠情欲，㈡色欲。色強欲微，故云色界。三、無色界一種，惟情欲故。色絕欲劣，故云無色界也。倫，等也。匹，配也。謂證佛理境，居常寂光土。其餘九法界中，皆稱衆生，豈能與佛等配乎？如來爲三界大師，等視衆生，猶如赤子。無數方便，引出火宅。故云天人之導師，四生之慈父也。

我今暫歸依，能滅三祇業者：謂行人以凡情名字之我，而稱我也。暫歸依者：以一瞻一禮，覩其相好之誠，令無量衆生，滅除無始罪垢，而深植慧根也。三祇者：梵語具云阿僧祇劫，華言無數時。有其三解：一、如俱舍論云：「如來始從古釋迦至尸棄，值七萬五千佛，名初阿僧祇。次從尸棄至然燈，值七萬六千佛，名二阿僧祇。又從然燈至毗婆尸，值七萬七千佛，名三阿僧祇。」此三僧祇，乃無數中之有數。約如來因中修行六度所歷時論也。又起信疏云：「從初發心至歡喜地，謂之一阿僧祇。從二地至八地，謂之二阿僧祇。從九地至等覺，謂之三阿僧祇。」此乃無數中之無數，約菩薩修行位次論也。是以即此現前一念信敬之心，勝於如來三大阿僧祇劫，修六度萬行之功，能滅三祇生死之罪，何況稱揚讚歎？若論讚佛功德，億劫莫能盡述。故行願品云：「一者禮敬諸佛，二者稱讚如來。」乃至云：「各以一切音聲海，普出無盡妙言詞，盡於未來一切劫，讚佛甚深功德海。」菩薩本行經云：「阿難白佛言：『若使有人，以四句偈讚佛如來，得幾功德？』佛言：『正使億百千那由他術，無數衆生皆得辟支佛道。設有人供養是等衣服，飲食醫藥，床敷臥具，滿於百歲，其功德多否？』阿難言：『甚多，世尊。』佛言：『若人以四偈，用歡喜心讚歎如來，所得功德，過於上福百千萬倍，無以爲喻。』」智度論云：「若聞諸佛功德，心生尊重，恭敬讚歎，是人得無量福。」知一切衆生得無過者，故言尊；敬畏之心過於君王、父母、師長之切，故言重。謙遜畏難，故曰恭；推其智德，故曰敬。美其功德爲讚，讚之不足，又稱名舉揚爲歎。故華嚴經云：「剎塵心念可數知，大海中水可飲盡，虛空可量風可繫，無能盡說佛功德。」

禮佛

記 禮者，履也。謂進退有度，尊卑有分之儀。增一阿含經云：「禮佛有五種功德：一者端正。以見相好，生尊上故。二者得好音聲。以見佛時，三自稱曰南無如來至眞等正覺故。三者多饒財寶。以見佛時，具花香燈明，隨力供養故。四者生處高貴。以見佛時心無染著，又能右膝著地，長跪叉手禮故。五者得生天上。以念佛功德法爾故。」觀音玄記云：「底沙佛有二弟子：一釋迦，樂修利他行，所化機先熟。二慈氏，樂修自利行，所化機在後熟。彼佛念曰：『多人就一人則難，一人就多人則易。』欲令釋迦先成道故，乃捨二弟子入山。時釋迦菩薩隨後入山，尋師不見踪跡。正行次，忽見彼佛在寶龕中，入火界定，威光赫奕，特異于常。行次忘下一足。經于七日，說于一偈。因此精進超於九劫，在彌勒前成佛。

本行經云：佛告阿難：「往昔有如來出現於世，號弗沙佛。時彼佛在雜寶窟中，我見彼佛心生歡喜，合掌翹足，七日七夜以此偈讚歎。阿難！我以此偈讚彼佛已，發如是願。乃至彼佛語侍者言：『是人過於九十四劫，當得成佛，號釋迦牟尼。』我於彼時，得授記已，不捨精進，增長功德。無量世中，作梵天王，轉輪聖王。以是善業因緣力故，我得四種辯才，無有一人能與我論，降伏我者。我得成阿耨菩提，轉於無上法輪。」既知聖教禮讚功德，不可思議，是故行者常須作意，不得自惰，恐無常忽至，瞻禮無處。凡見佛時，當以此心此偈，而讚禮也。偈云：

「天上天下無如佛，十方世界亦無比，世間所有我盡見，一切無有如佛者。」

普禮眞言：唵．縛日囉斛（三讚三禮）

記　天上天下無如佛者，指三界而言。以九法界中，皆衆生報。諸天著樂所盲，不能深達佛理。衆生無明障蔽，不能覺照本源。如來爲天中天，聖中聖，三界極尊，誰能與等？非唯豎窮三際莫與佛等，即橫徧十方亦無可儔。總而言之，盡虛空徧法界，亦無有如世尊百千相好，萬德莊嚴，三覺俱圓，十號具足也。第一句讚大，第二句讚多，第三句讚勝，第四句總讚大多勝。故行願品云：「所有十方世界中，三世一切人師子，我以清淨身語意，一切遍禮盡無餘。」又般若經云：「如來智慧如虛空，悉觀衆生去來相，十方一切悉見聞，我當稽首禮法王。」今人禮佛發願，若能如釋迦之讚弗沙，亦以此偈七日七夜翹一足而讚釋迦，其人必定親見釋迦，而爲授記。復見千百億釋迦，不出自心也。普賢觀經云：「若有晝夜六時禮十方佛，誦大乘經，思第一義甚深空法，於一彈指頃，除百萬億那由他恒河沙劫生死之罪。行此法者，眞是佛子。」業報差別經云：「禮佛一拜，從其膝下，至金剛際，一塵一轉輪王位，獲十種功德：㈠得妙色身，㈡出言人信，㈢處衆無畏，㈣諸佛護念，㈤具大威儀，㈥衆人親附，㈦諸天愛敬，㈧具大福報，㈨命終往生，㈩速證涅槃。」

集 禮讚須精誠作觀，五體投地。教列七種禮，不可不知：㈠我慢禮。謂依位次，以無恭敬，心馳外境，五輪不具，如碓上下。㈡唱和禮，謂麤正威儀，心無靜想。見人，則身輕急禮，人去，則身墮心疲。蓋心散而口唱也。㈢身心恭敬禮。謂聞唱佛名，便念佛想。身心恭敬，精無厭怠。㈣發智清淨禮。謂達佛境界，隨心現量，禮一佛則禮一切佛，禮一拜則禮法界。以佛法身融通故。㈤徧入法界禮。謂自觀身心等法，從本以來，不離法界，佛我平等。今禮一佛，卽遍禮法界諸佛。㈥正觀禮。謂禮自佛，不緣他佛。何以故？一切衆生，各有佛住，平等正覺。㈦實相平等禮。謂前有禮，有觀自他兩異。今此一禮，無自無他，凡聖一如，體用不二故。文殊云：「能禮所禮性空寂。」前三約事，後四就理。大方廣寶篋經中，智燈聲聞問文殊言：「云何禮佛？」文殊言：「若見法淨，名見佛淨。若身若心，不低不昂，正直而住，不動不搖，其心寂靜，行寂靜行，是名禮佛。」比丘不得通肩著袈裟禮佛，死墮鐵甲地獄。除坐禪、受食，通肩不犯。比丘不得披禪衣禮佛，誦經、經行，及禮尊宿、塔殿前行，死變團魚、黿鼉之類。及不得覆頭，須露頂，違者結罪。唯除病時，大寒時。凡正信出家受戒者，切須慎之。

【記】五輪著地者：依離垢慧經中，應一一發願。初總願云：「我今五輪於佛作禮，爲斷五道，離於五蓋。願諸衆生，常得安住，不壞五通，具足五眼。願我右膝著地之時，令諸衆生，得正覺道。願我左膝著地之時，令諸衆生，於外道法不起邪見，悉得安立正覺道中。願我右手著地之時，猶如世尊坐金剛座，右手指地，震動現瑞，證大菩提。我今亦爾，共諸衆生，同證覺道。願我左手著地之時，令諸衆生，離諸外道難調伏者，以四攝法而攝取之，令入正道。願我首頂著地之時，令諸衆生離憍慢心，發無上意，悉得成就無見頂相。」餘義可知。

供淨瓶

【記】進奉曰供。瓶者，汲水之器。用有淨觸之別，此爲淨用。亦名德瓶，謂朝暮行持，多功德故。西域記云：「裙稚迦，卽澡瓶也。」此爲觸用。佛制比丘，不淨洗漱，不得禮拜誦經，故淨瓶漱口澡瓶洗手。今則洗漱不行，二瓶失制，雖復禮敬，焉得無罪？

【集】梵語軍持，此云瓶。寄歸傳云：「軍持有二種：㈠磁瓦者，是淨用。㈡銅鐵者，是觸用。」今所明者，乃淨瓶也。比丘每日清旦，誦經呪畢，用淨瓶盛淨水，供於佛菩薩像前。欲須瓶盛水時，當觀想佛菩薩尊容，具儀作禮。起已取瓶，默持此偈呪云：

「手執淨瓶，當願衆生，內外無垢，悉令光潔。」

唵．勢伽嚕迦叱羚叱莎訶（三遍）

記 手執者：謂以身而舉，以表事也。內外無垢，悉令光潔者：卽事以明理也。內卽身心，外卽塵境。謂此持戒之心堅淨，則外不染塵勞，內不起煩惱。表裏一如，心地清淨，而智光皎潔矣！故楞嚴經云：「根塵不偶，現前殘質，不復續生，執心虛明，純是智慧，慧性圓明，瑩十方界。」卽斯意耳。

蕩淨瓶眞言

記 蕩者：謂滌去塵垢也。眞言者：樓閣經云：「是諸佛之母，成佛種子故。若無眞言，終不能成無上正覺。」然水能蕩其瓶垢，法能滌其心垢，乃事理雙彰之謂也。

集 旣禮佛起，持空瓶至淨水所，左手撩衣，右手持瓶，徐徐先取水蕩三次，每次誦此呪七遍。其蕩瓶水，莫仍注淨水中，須棄於外。

唵．藍莎訶（二十一遍）

灌水真言

記 灌者，注也。謂瓶淨堪注水，心淸堪受法。水注於瓶，則事成矣；法注于心，則理就矣。

集 旣已蕩淨無塵，滿灌淨水，默持此咒。

唵．縛悉鉢囉摩尼莎訶（三遍）

記 灌已，持歸本處。行時，不得左右傍視，失儀亂走。當屏息諸緣，念佛持咒，一心正道，珍重而行。

集 到佛前胡跪，（右膝著地）左手持瓶，右手作普供養印，念大悲咒七遍，禮拜而退。下晚出水，結印同前。先念大悲咒七遍，心經、往生咒，各七遍。出外散水於淨地，手作甘露印法，口默念。

甘露真言

記 甘露者：不死之妙藥也。以喩法之殊勝，不可思議故。眞言者：乃諸佛秘密之心印也。然甘露能除一切衆生身病，此眞言能除一切衆生心病。又瓶能出生無量珍寶，此眞言能出生無量功德也。

曩謨蘇嚕婆耶，怛他誐多耶，怛姪他，唵·蘇嚕蘇嚕，鉢囉蘇嚕，鉢囉蘇嚕，娑婆訶。（三遍）

集 念時，觀想瓶爲如意瓶，流出種種飲食。先諸天，次鬼神，後餓鬼、畜生，各獲飽滿已，又想瓶緒出樓閣、宮殿、珍寶、瓔珞、傘蓋、香花、衣服，無不具足。然後說十二因緣法，授彼三歸，令聞法受歸，得法喜三昧，禮拜而去。

記 如意瓶者：謂瓶如其意，想物卽出故。亦名摩尼瓶，華言離垢。此瓶光淨，不爲塵垢所染，故名離垢瓶。又名帝瓶，卽寶藏瓶也。謂能出生種種珍寶故。十二因緣者：謂無明、行、識、名色、六入、觸、受、愛、取、有、生、老死也。輾轉感果爲因，互相由藉爲緣。有三世、二世、一念三種。三歸者：令其歸依佛、法、僧三寶，出離輪迴故。法喜者：謂聞法歡喜，離苦得樂故。梵語三昧，此云調直定。亦云正受。圭峯云：「不受諸受，名爲正受。」

毗尼日用切要香乳記　上卷（終）

香乳記卷上　音釋

序

卽次序。爾雅云：「東西墻謂之序，所以別內外也。」謂見墻，別宅舍之內外；觀序，知一記之內外也。

一乘妙法

一乘者，佛乘也。乘以運載爲義。佛說一乘之法，爲令衆生依此修行，出離生死苦海，運至涅槃彼岸故。法華云：「十方佛土中，惟有一乘法。」妙者：不可思議也。非諸菩薩心思口議故。

圓覺

謂覺法滿足故。

鎡

音咨。鉏也。

駑

鈍也。

乾乾愓勵

謂競競自勉也。易曰：「君子終日乾乾，夕愓若勵。」

香乳

義出請觀音經。取「觀音大悲手，香乳濟衆生。」之義。

膚

音孚。皮膚，淺學也。魯論云：「膚

受。」

江河之日下

佛道衰微。喻江河之下流。

懸　譚

須彌山王

俱舍云：「妙高：四寶所成，故名妙。出七金山，故名高。山者，產也。能產萬物故。王者，主也。衆山圍繞故。」

師資模範

師者，授道之人。資，助也。助發己身之行業故。模範者，軌格也。楞嚴云：「嚴淨毗尼，弘範三界。」

滅衆惑業

四分偈云：「滅除諸結使，說是七戒

經。」

生諸福慧

梵網云：「性戒福慧滿。」

發覺初因

多論云：「毗尼是趣涅槃之初門。」梵網云：「諸佛薩婆若，悉由是處出。」

圓滿佛果

謂覺道成就也。

陀羅尼

此云總持。謂總善不失，持惡不生。偈云：「譬如靈丹藥，點鐵成金寶，誦持陀羅尼，變凡作賢聖。」又三藏教，盡從陀羅尼出。卽呪也。該具四悉。

我空

無我、人、衆生、壽者四相之見。

法空

無色、受、想、行、識五陰之法。

染淨根本

生死爲染，涅槃爲淨。

如來藏

卽眞如性。第八識所依。具足諸法，包含萬象，故謂之藏。諸佛證此藏心，利益羣生，應用無盡。衆生迷此藏心，常爲無明障覆，煩惱牽纏，而不能顯。佛令衆生修行一切善法，斷除煩惱無明，顯出自己如來藏心，清淨法身之體故。眞如者：體非僞妄曰眞，性無改異曰如。卽一實相之體也。此體能生世出世間一切諸法故。

阿賴耶識

卽第八識名。翻無沒識，取不失爲義。又翻藏識，能含藏諸法故。亦名果報識。亦名種子識。

八識差別

第八積集名心，第七思量名意，第六了別名識。或云過去名意，未來名心，現在名識。

訶教

謂以心傳心，不立文字故。

勸離

此有二義：一、令離教，二、令離法。法不出色心，心色皆離，則契心體。

法　題

大千世界

總稱也。別有三千：所謂小千、中千、大千也。皆是釋尊所化之境。俱舍云：「四大洲日月，須彌盧欲天，梵世各一千，此名小千界。此小千千倍，說名一中千。此千倍大千，皆同一成壞。」

生處轉熟

未聞未解之善法，漸令修習純熟故。

熟處轉生

尋常慣習之惡法，漸令放捨生疎故。

八 題

三無漏學

戒、定、慧也。三法相資，得成佛道。謂戒出三塗，定超六欲，慧脫三界。煩惱淨盡，不漏落生死故。學，猶飾也。器不飾，則無以成美觀。人不學，則無以成聖果也。

修正助道

三學爲正，三十七品爲助。

破見思惑

分別曰見，貪愛曰思。見有八十八使，思有八十一品。能障眞理，故名曰惑。見思惑盡，到無學位。

感異生師

生時母夢明月投懷。

閱世主妙嚴品有省

悟佛心宗，見佛妙用。

傘居道人

顓愚法師，常跌傘下閱教，故以爲號。

破額山

四祖道場。

馮茂山

五祖道場。

充上座

初秉十支，昧祖卽命登座覆講。

給帖護持

順治三年，官兵入山，搜捕土賊。師與大衆，悉被押赴軍前。巴厥將軍，憤師容隱，欲加極罪。常住田產，悉沒於官。師雖在刀林劍戟之中，神色不變，從容對曰：「華山大路，焉能禁彼往來？」遂感巴厥諸公，輸誠敬服，願爲護

法。請師還山，幷復田地，給帖永照。

模楷

模生於周公塚上，其葉春青，夏赤，秋白，冬黑。楷生於孔子塚上，其枝疎而不屈。此二木取正直爲義。師軌範後昆，亦由是也。

迦葉化身

順治年間，滇中善信來參云：「弟子禮鷄足山，求見迦葉。夢感韋天云：『尊者已至華山弘律，爾欲親覲，當往見之。』故來頂禮。」師恐衆惑，秘不容傳。故維摩云：「不起滅定，現諸威儀也。」

龍眠之三世寃消

龍眠，桐城縣地名。有善信病危，三世

寃牽，上山求解。師爲懺悔，病癒寃消。

馬陵枯泉自溢

馬陵在宿遷縣。師至枯泉自湧。

偈　文

六識歸種

謂睡眠時，六識不行，攝歸第八種子識中故。

五蓋

貪欲、瞋恚、睡眠、掉悔、疑惑也。此五通稱爲蓋者：謂蓋覆纏綿，定慧不發故。

未受色惑

謂眼根未曾受色起惑時也。

曆

音麻，緩視貌。

瞇

音米，眇視也。

涅槃

此云大滅度。法身、解脫、般若，如次而配。

百八愚癡

自惑爲愚，惑他爲癡。卽煩惱也。九十八使，更加十纏，成一百八。

百八三昧

（一）首楞嚴三昧，乃至（百八）離著虛空不染三昧。大智度論詳明。

四聖六凡

無漏名聖，有漏名凡。卽十法界。

十地

謂菩薩所證之地位。一切佛法依此發生故。然地位各有淺深不同，所以始從歡喜，終於法雲，分爲十也。

三乘

聲聞以四諦爲乘，緣覺以十二因緣爲乘，菩薩以六度爲乘。

六趣

六，即六道；趣，即往趣。謂衆生隨所作業，趣往六道故。

入流亡所

流，謂法性；所，謂音塵。謂不隨聲塵，頓入法流，而亡其所入也。

證入圓通

性體周徧曰圓，妙用無礙曰通。乃一切衆生本有之心源，諸佛菩薩所證之聖境。從耳門起圓照，隨緣應化，得自在通。

正覺

離邪曰正，背妄曰覺。

根隨煩惱

根有六：謂貪、瞋、癡、慢、疑、見。隨有二十，分三。大八：謂不信、懈怠、放逸、昏沉、掉舉、失念、不正知、散亂。中二：謂無慚、無愧。小十：謂忿、恨、惱、覆、誑、諂、憍、害、嫉、慳。

根後二智

根本智，後得智。

三摩地

此云等持。離沉掉名等，令心住一境名持。

獲二殊勝

上合聖，與諸佛同一慈力；下合凡，與諸衆生同一悲仰。妙用超越，故云殊勝。

三障

煩惱、業、報曰三，覆蔽正道曰障。

三德

法身、解脫、般若爲三，常、樂、我、淨爲德。

六度

謂以施、戒、忍、進、禪、慧徧施，能度生死流，登涅槃岸故。

五欲

色、聲、香、味、觸爲五。希須名欲。止觀云：「五塵非欲，而其中有味。能生行人須欲之心故。」

多羅葉

此翻岸形。如此方椶櫚相似，直而且高，葉可書經。

見道用

初果見理破惑故。

閻浮提樹

翻爲穢樹。其色赤黃帶紫焰。果汁點物成金；汁流入河，染石爲金沙。

四惡趣

地獄、餓鬼、畜生、修羅爲四，因中不修善法爲惡，果感異類受身爲趣。

千輻相紋

輻，車輪中之輻也。如來足下紋相，如千輻輪故。

豸

池上聲。

自然智

非佛天人所作，本有之也。亦名一切種智。

無師智

不從他人所聞。

他化自在天

亦名大自在。卽欲界頂天也。若須五欲境時，餘天爲化，假他所作，以成己樂故。

阿迦尼吒天

卽色究竟天。

無色四天

謂空處、識處、無所有、非非想也。

有餘

謂見思已斷，尚餘現受色身故。

分段

謂六道衆生，隨其業力所感，壽有分限，身有形段故。

無餘

謂見思二惑，與所受五衆之身，俱得滅盡故。

變易

謂因移果易故。

譬喻

以類比況曰譬，開曉令悟曰喻。

毗盧圓鏡

亦云大圓鏡智。以無邊佛智，照廣大佛鏡，到其源底故。

三毒

貪嗔癡爲三，傷害出世善根曰毒。

恒河

即殑伽河。華言天堂來，見從高處來故。諸經多以爲量者，有四義故：㈠人多識之，㈡入者得福，㈢八河中大，㈣是佛生處。

種子不淨

父母遺體，赤白所成。經云：「此身非蓮華，亦不由旃檀。糞穢所長養，但從尿道出。」

我執

謂執五蘊等法，有實主宰故。

法執

謂執五蘊等法，心外實有故。

釋迦彌多羅

此云能支。

三果

梵語阿那含，華言不來。謂斷欲界後三品思惑盡，更不來欲界受生故。

康藏

康居國人，諱法藏，賢首國師也。

居士

愛譚名言，守道居貞故。

華嚴

因行如華，莊嚴果德。

梵網

本源自性清淨，故稱爲梵。慧命徧傳塵剎，故稱爲網。

教化

以道誨人曰教。躬行於上，風動於下曰化。

八萬四千塵勞

謂十使互成百，十界成一千，七支爲七千，三世二萬一。三毒并等分，是爲八萬四。

八萬四千法門

謂如來成道，有三百五十度無極法門。度無極者：謂事理行滿，度生死流，登涅槃岸。此之功德，無有窮極故。偈曰：「第一光耀起，乃至分舍利，有三百五十，度無極法門。門門有六度，共成二十一。以四大六衰，合二萬一千。加三毒等分，是爲八萬四。」

三賢

謂十行、十住、十迴向，卽三十心也。梵網云：「十發趣，十長養，十金剛。」賢者，未入聖位故。

眞窮惑盡

無學位也。

初果耕地蟲離四寸

是道共力。

持戒比丘

識守不失曰持，防非止惡曰戒。比丘翻爲除饉。衆生薄福在因，無法自資，得報多所饉乏。出家戒行，是良福田，能生物善，除因果之饉乏故。

法力

以法爲力故。

九十五種外道

西域記云：「九十五種是邪，惟一是正，附佛法一種也。」

五分法身

分，卽分齊。限量也。戒、定、慧、解脫、解脫知見，五種爲法。聚集不散曰身。

金翅鳥

梵語迦樓羅，此云金翅鳥。其翅金色故。

大僊

僊者上古修行人之通稱。惟如來稱爲大覺金仙。戒經云：「能得如是行，是大仙人道。」

結使

結，謂結縛。使，謂驅使。謂五鈍、五利結縛心神，驅使流轉三界故。

佛法秋晚

無三乘法，故云佛法。秋晚者，末運之際，法道凋零也。

十種衣財

一、憍賒耶衣。此云蠶衣。二、却貝衣。此云木棉花。三、欽婆羅衣。是毛織成，如絨褐類。四、芻摩衣。此云麻衣。五、識摩衣。此云粗布衣。六、扇那衣。此是樹名，取皮紡織。七、麻衣。麻有青黃赤色多種。八、翅夷羅衣。此云細布。九、鳩夷羅衣。此云細毡。十、識摩羅芈尼衣。未見翻譯。

菩提種子

種子者：能生一切諸佛法故。體有二種：一、當體：悲心、智心、願心。二、所依體：自性圓明妙心。

樓至

此翻愛樂。

合掌

表心合於道，道合於心也。

初度五人

陳如、十力迦葉，是母黨；頞鞞、跋提、俱利太子，是父黨。

迦葉兄弟

謂優樓頻螺、伽耶、那提三迦葉。昔於毗婆尸佛時，共豎刹柱，報爲瓶沙王師，有五百弟子。兩弟共有五百。自恃多能，不肯歸佛。佛現神變，師徒感伏，投佛出家。

達摩多

此云能救。

寺

嗣也。弟子居之，承嗣佛道。

僧伽藍

此云衆園，乃生植之所。佛弟子居處，則能生植道芽聖果，福利羣生故。

精舍

乃行人精修梵行之處，非爲房舍精妙也。

金剛淨刹

金剛體最堅利，能破萬物。表此處精修善法，能破煩惱惡業也。西域凡沙門得道處，建旛以告四方。

寂滅道場

寂五住煩惱，滅二種生死，得道之場，故曰道場。

本覺

謂衆生心體，靈明虛廓，等虛空界，無處不徧，即是如來平等法身。依此法身，說名本覺。

始覺

謂衆生本覺心源，由無明熏動，覺不成覺，多劫在迷，今始覺悟，是名始覺。始本不二，名究竟覺，即成佛也。

阿那律陀

此云如意。佛之從弟。

菴摩羅果

此云難分別，似桃非桃，似柰非柰故。

常寂光土

即理性土也。常，即法身。寂，即般

若。光，卽解脫。土者，從佛所居故。

尸棄

亦名式棄，此云火。火有二義：一、照諸惡不起；二、燒煩惱不生。

然燈

梵名提洹竭。大論云：「太子生時，身光如燈故。」

毗婆尸

亦云維衞，此翻勝觀。

歡喜地

謂菩薩智同佛智，理齊佛理，徹見大道，盡佛境界，而得法喜，登於初地故。

等覺

望後妙覺，猶有一等。超前諸位，得稱爲覺。

底沙

此云明。謂光明徧照也。亦云說度，說法度人也。亦名弗沙，此云增盛，明達勝義也。

授記

聖言說與曰授。果與心期曰記。

轉輪聖王

慈恩云：「四種輪王，威定諸方，亦有差別。鐵輪獨治南洲，奮威始定；銅輪治東南二洲，震威乃伏；銀輪治東西南三洲，遣使方降；金轉輪王德振四洲，望風順化。故名聖王也。」

不捨精進
於法無染曰精，念念趣求曰進。

四種辯才
輾轉無滯曰辯。義、法、詞、樂說，四法曰才。

阿耨菩提
阿者言無，無諸垢染故。耨者言上，三界無比故。菩提言知，知一切衆生，皆有佛性故。

轉無上法輪
凡聖之所軌持曰法；度入他心，令彼得悟曰轉。摧碾惑業曰輪。下地所不能測，故曰無上。

著樂所盲
貪於勝妙欲故。

無明障蔽
謂煩惱覆心，於一切法，無所明了故。

天中天
諸天歸仰故。

聖中聖
三乘尊敬故。

三際
先、中、後也。波斯匿王言：「觀身實相，觀佛亦然。無前際，無中際，無後際。」

莊嚴
戒身清淨，定慧莊嚴，萬德俱備。

稽首
稽，留也。首，頭也。以頭至地，停留少頃方起，以表行人有所禱故。

思第一義

眞諦非有，俗諦非無。不有不無，名中道第一義諦。

金剛際

際，邊也。有堅執世界之力，故名金剛。經云：「地、水、火、風輪下，有金剛輪，過去諸佛舍利，咸在其中。」

那由他

千萬億。

佛子

以眞慈悲，紹隆佛種。

五輪

双手、双膝，與額。

五通

天眼、天耳、他心、宿命、神境也。天、仙、神咸具。

五道

天人屬善，三塗屬惡。輪轉相通，故名爲道。

金剛座

難斷能斷，故名金剛。謂菩薩處此座，斷結成佛故。然三世諸佛，坐斯成道，無少變壞，卽實相心地也。

四攝法

布施、愛語、利行、同事。

無見頂相

謂一切人天二乘，及與菩薩，皆不能見如來頂故。

毗尼日用切要香乳記　卷下

清・古杭昭慶、萬壽戒壇、傳律比丘書玉箋記

展鉢

記　展者，開巾揩鉢也。謂：鉢恐有塵，先當開巾揩過，安置几上，以俟食至也。偈云：

「如來應量器，我今得敷展；願共一切衆，等三輪空寂。」

唵．斯麻摩尼莎訶（三遍）

記　梵語多陀阿伽度，亦名怛闥阿竭，此翻如來。智度論云：「佛名如來者，如定光佛等，行六波羅蜜，得成佛道；釋迦文佛，亦如是來，故名如來。如定光佛等智，知諸法相，從如中來；釋迦文佛，亦如是來，故名如來。而有法、報、化三身，法身如來者，卽無所從來，亦無所去也。報身如來者，卽如法自性，來成正覺也。化身如來者，卽乘如實

道，來度衆生也。」今言如來應量器者，三中應身也。謂：此鉢乃世尊躬爲模範也。四分律云：「佛在蘇摩國遊行，見彼國中，泥土細潤，不惜兜羅綿手，取泥自作鉢坯，授與陶師，燒成此鉢，寶色光澤，圓滿美好，佛聽受持。」當知此鉢，爲千佛授受之法器。九十五種外道，悉不知名，唯有我佛如來，示此未曾有法。是知此鉢，至尊至貴，我今何緣何幸得以敷展？爲已受佛戒故。此一句，具含無限難遭渴想之意。然敷展大意，非徒自利口體而已，先當發願爲衆。三輪空寂者，能斷金剛經論云：「謂布施時，體達施者，受者及所施之物，皆悉本空，則能摧碾執著之相，是名三輪體空。」

一、施空。謂：能施之人，體達我身本空。既知無我，則無希望福報之心，是名施空。

二、受空。謂：既達無能施之我，則亦無受施之人，是名受空。

三、施物空。謂：資財珍寶等物，已無我、人二相，卽達一切皆空。又豈有所施可得？是名物空。

如是體會，方稱三輪空寂，無住相布施，而契般若之深意也。

受食

記　領納曰受，卽取咽之義。食者，實也。以食實其腹也。能療一切飢虛之總名，而爲助道之正緣。所以經教中說云：身依食住，命托食存，得此飲食，流入五臟，充浹四肢，補氣益肌，身心適悅，堪以進道故，但不可貪著。

集 比丘受食，跏趺而坐，展食巾於膝上，恐飯湯菜羹墮於袈裟。請鉢時，默念此偈云：

「若見空鉢，當願衆生，究竟清淨，空無煩惱。」

記 鉢者，半梵語，略去多羅二字。十誦律云：「鉢是恒沙諸佛之標幟，而非廊廟之器用。此皆如來諄諄誡訓，凡受持者，應當珍惜保重。」四分律云：「如來令諸比丘以鉢而受食者，有異外道故。外道縫葉爲器，拱手而食，非是僧相福田之狀，故佛制之。」梵語梵摩，此云清淨。究竟者，卽研窮之意。在二乘，梵行已立，方名究竟。在菩薩，極至無上菩提，方名究竟也。如持空鉢，當下體會究竟之理，直見法界之量，及自己之量，等於眞空。又見鉢空，而煩惱亦空。又空中而有不空，卽是妙有眞空，非是無知頑空。此中卽達三觀之義。天台智者大師云：「若觀心空，則一切法皆空，卽是眞諦。若觀心假，則一切法皆假，卽是俗諦。若觀心中，則一切法皆中，卽是中諦。此之三觀，全由性發，實非修成，故于一心，宛有三用，所謂一心三觀也。」若達斯旨，卽事入理，是以空鉢之相，體會實際之理，且不容些子，況有清淨煩惱之跡者乎？華嚴經云：「若人欲識佛境界，當淨其意如虛空。」故云：「究竟清淨」。從來不與染法相應，故云：「空無煩惱」也。

集 梵語鉢多羅，此云應量器。律中佛不聽比丘畜用雜寶，銅、鐵、木、石等鉢。大要有二：一、泥。二、銕也。僧祇律云：「鉢是出家人器，少欲知足，非俗人所宜。」十誦律云：「鉢是諸佛標誌，不得惡用及洗手，敬之如目。」五分律云：「佛自作鉢坯，以爲後式。」又發軫鈔云：「應法之器也，謂體、色、量三者，皆悉與法相應。」體有二，泥及銕也。色者，用蔴子、杏仁，搗碎塗其內外，竹烟熏治，熏作鳩鴿項色、孔雀色。所熏者爲何？夏天盛物不餿，不染垢膩，有此功用，故當熏治。量者，分上中下，若准唐斗，上鉢一斗，中鉢七升半，下鉢五升，故名應量器。

達觀大師云：

記 諱曇頴。爲羣生模範，人天所師，故曰大師。

夫鉢之爲器，翼三寶，備六德。何以明其翼三寶？蓋無此，則僧無所資；僧無所資，則慧命斷；慧命斷，則佛種滅矣。備六德者，彼其能清、能容、能儉、能廣、能尊、能古，則六德之謂也。

一、古由佛授。

記 會正記云：「此是迦葉佛鉢。佛入涅槃後，龍王請至宮中供養，以待釋迦成道。」

二、尊由天獻。

記 會正記云：「佛成道已，龍王送至海水上，四天王皆欲取之，遂化成四鉢，令各得一鉢，以奉世尊。世尊受已，次第相重，合爲一鉢。」

三、廣則普利一切。

記 古云：「一鉢千家飯，孤身萬里遊；欲窮生死路，乞化度春秋。」

四、儉則過中不食。

記 過中不食者，學佛而食也。如來處於五中，謂：「降生中國，中夜踰城，中夜悟道，日中一食，所談中道。」

五、容則施受精粗，而福利平等。

【記】如阿那律陀，於饑世，以一鉢稗飯，供養辟支佛，感九十一劫，天人之中，受如意樂。

六、淸則擧世不忍以葷投之。

【記】僧祇律云：「鉢是出家人器，少欲知足，非俗人所宜。」如是故，吾曹敢不寶重哉?!盛飯時，默念此偈云：

「若見滿鉢，當願衆生，具足盛滿，一切善法。」

【記】名義云：「比丘稱乞士者，有二義。一、乞食以資色身。二、乞法以資慧命。」盛者，容受物也。鉢飯既滿，不可徒生貪饕之想，不修梵行。當觀飯之來處，粒粒從信施得來，一切善法，悉從此智種發生。故受施者，當梵行具足。所施者，福果盛滿。猶如種子發花，花復爲果，滿足菩薩之梵行也。

西域傳云：「佛鉢在乾陀國青玉色，受三斗，諸國寶之，供養終日，華香不滿，則如言滿之。故一見滿鉢飯食，則期所修善法，一切具足，成就圓滿，不辜此軀爲載道之器也。」

【集】念供養時，以右手扶緣，左手持鉢齊眉，將鉢匙外向，供文照常。

記 將鉢齊眉者，有二義故。一者，我等此形，乃無明業識，雜穢所成，恐口鼻中氣，觸其淨食，不堪供佛、菩薩故。二者，衆生情見，猶恐分別鉢中飲食，精粗好惡，先起三毒心故。次以右掌倚鉢緣相等，名曰障其觸氣。

附供養文（孔子侍食於君，君祭。又蔬菜羹瓜祭必齋，今飯前先供，禮之大者。）

記 智度論云：「食爲行道，不爲益身，若得食時，先獻三寶，後施四生。」行願品云：「諸供養中，法供養最，故檀越施來受食之時，先當端身正念，如法供養三寶也。」

華嚴經云：「設於念念中，供養無量佛；未知眞實法，不名爲供養。」

勝思惟經云：「不起罪業，不起福業，不起無動業者，是名供養佛。」

華手經云：「若以華、香、衣、食、湯、藥等供養諸佛，不名爲眞供養。如來坐道場，所說微妙法，若能修學者，是名眞供養。」

思益經問云：「誰能供養佛？佛言：能通達無生際者。」

文殊般若經中云：「佛問文殊：汝云何供養佛？文殊答言：若幻人心數滅，我則供養佛。」

台教云：「供養佛者，只是隨順佛語，今順佛教，修三觀心，卽爲供佛。爲破五住，得解脫故，卽供養法。三諦理和，卽供養僧。」

供養淸淨法身，毗盧遮那佛。

記 梵語毗盧遮那，華言徧一切處。謂：眞如平等，性相常然，徧於諸法，身無礙故。經云：「遮那妙體，徧法界以爲身。」梵語佛陀，華言覺者。起信論云：「謂心體離念，離念相者，等虛空界，卽是如來平等法身，則以無念名之爲佛。佛身無爲，故曰淸淨。」法者，可軌義，諸乘乘之，而得成佛。由以法爲身，故名法身也。

經云：「法身者，卽佛身也。」謂：法能出佛故。身者，依義、體義，法身爲報化所依體故，法身爲重，故居第一。

圓滿報身，盧舍那佛。

記 梵語盧舍那，此云淨滿。謂：諸惑無餘，衆德悉具故，亦卽圓滿義也。又翻爲光明徧照，謂：內以智光，照眞法界，卽自報身也。外以慧明，照應大機，卽他報身也。又云：「理智如如，名爲自報，相好無盡，名爲他報。」

摩訶衍云：「報身者，具勝妙因，受極樂果，自然自在，決定安樂，遠離苦相，故名爲報。」三覺具圓，名之爲佛。

華嚴疏云：「一、自覺，自心本無生滅故。二、覺他，覺一切法，無不如是故。三、覺滿，二覺理圓，稱爲滿故。」修因感果，名之爲報。積聚功德智慧，名之爲身，故曰圓滿報身。報能顯化，故居第二。

千百億化身，釋迦牟尼佛。

記 梵語釋迦，此云能仁。牟尼，此云寂默。心性無邊，含容一切，故名能仁。心性本寂，動靜不干，故名寂默。又云：能仁是悲，不住於涅槃。寂默是智，不住於生死。此乃娑婆世界說法之主也。千百億化身者，言變化之多也。今且言三：

一、大化身。如梵網經云：「我今盧舍那，方坐蓮華臺，周帀千華上，復現千釋迦，一華百億國，一國一釋迦，接引三賢故。」

二、小化身。如法華經云：「即趣波羅奈，爲五比丘說，接引二乘故。」

三、隨類化身。謂：猿中現猿，鹿中現鹿等，隨類化現，接引一切故。

譬如千江散影，長空止見孤輪，萬口傳聲，空谷曾無二響，應化無窮，法身不動，亦猶是也。無而忽有曰化，假聚五蘊爲身，旣以現身受純陀供。又有別受大衆之供，則一應一化也。又智與理泯，以報合法，能起大用，隨機普應，說法利生，故名爲化。三身無礙，兩足稱尊，故名為佛。先報後化，故居第三。

極樂世界，阿彌陀佛。

記　經云：「彼土何故名為極樂？其國衆生，無有衆苦，但受諸樂，故名極樂。」梵語阿彌陀，此云無量壽，亦云無量光。謂：彼佛光明，及與壽命，無有量故。智度論云：「無量有二：一者，實無量。諸聖人所不能量，如虛空、涅槃、衆生性，是不可量。二者，有法可量。但力劣者不能量，如須彌山，大海水，斤兩滴數多少？諸佛、菩薩能知，諸天世人所不能知。」如涅槃經云：「唯佛與佛，其壽無量」是也。十號俱彰，三身圓顯，故名為佛。此乃西方教主，接引衆生，舉西方一佛，以例餘九。彌陀已成，故居第四。

當來下生，彌勒尊佛。

記　梵語彌勒，漢言慈氏，姓也。南天竺婆羅門子，名阿逸多，翻無能勝，具足當云慈無能勝。以在母胎中，卽有慈心，故以名族。又過去生中，遇大慈如來，願同此號，卽得慈心三昧。又昔為婆羅門時，號一切智，於八千歲，修習慈行。

悲華經云：「發願於刀兵劫中，擁護衆生。」是卽慈隆卽世，悲臻後劫，至極之慈，超出凡小，故無能勝。神通廣大，威德無窮曰佛。

布袋和尚頌云：「彌勒眞彌勒，化身千百億；時時在世間，世間人不識。」觀音玄記云：「底沙佛時，慈氏與釋迦如來，同發阿耨多羅三藐三菩提心。彌勒多遊俗姓家，棄捨所習誦，所以果在後熟，爲龍華教主。當來人壽八萬歲時，此佛出世，三會說法。初會，度九十六億人。二會，度九十四億人。三會，度九十二億人。皆證阿羅漢果。」

凡在釋迦牟尼佛法中持戒修行，及造福者，皆得於龍華會上授記成佛。故處處經中，佛告彌勒偈言：

「汝所三會人，是我先所化；九十六億人，受我五戒者。次是三歸人，九十二億者。一稱南無佛，皆得成佛道。」

此舉補處以例過去，該通三世，當來下生，故居第五。

十方三世，一切諸佛。

記 十方者，東、西、南、北、四維、上、下也。過、現、未來，曰「三世」。佛佛皆供，曰「一切」。分身無量，徧十方剎，故曰「諸佛」。若論往古刧海之現在諸佛，卽今稱爲過去，卽今現在，乃過去之未來，亦爲未來之過去，所以出息入息，一剎那間，而成三世。又諸佛者，謂盡東方過不可說不可說世界，不可說不可說諸佛，悉皆現前，受我供養，餘方亦然，此乃總結供養一切佛也。

大智文殊師利菩薩

記 大智者，揀非用外之智也。謂：一切諸佛，皆依文殊而發心故。又善財始見，卽發大心。故慈氏語善財言：「汝先得見諸善知識，聞菩薩行，入解脫門，皆文殊力也。」

微密經云：梵語曼殊室利，此云「妙吉祥」信也。

楞嚴經說：「是過去無量阿僧祇劫，有佛號龍種上尊王佛。」

央掘經說：「是現在北方常喜世界，歡喜藏摩尼寶積佛。」慈恩上生經疏，引經云：「未來成佛，名曰普現。」

佛地經云：「妙吉祥者，一切世間親近、供養、讚歎故。」

又眞諦云：「於怨親中，平等利益，不爲損惱故。又生時有十種瑞故。」

正音文殊師利，此云妙德智也。

經云：「諸佛之母，釋迦之師，大智獨尊，常爲一切菩薩上首。」

大經云：「了了見佛性，猶如妙德等。」

梵語菩提薩埵，此云覺有情。同佛所證，謂之覺。無明未盡，謂之情。謂：能發起大智大悲覺自有之佛性，惟智故，上求佛果。惟悲故，下化衆生。有了悲智，方可利生。設無智，則佛道難成。設無悲，則衆生難度。智悲雙運，故名菩薩。此乃二利之通稱也。文殊具根本智，以信解是成佛根本。故經云：「微塵菩薩衆，由是成正覺。」既信解是成佛根本，受食後自當精進修持，以冀發生定慧也。

大行普賢菩薩

記 大行者，揀非權小之行也。萬行之所莊嚴，故稱爲大。供養一切，心無厭足，故名爲行。梵語邲輸跋陀，此云普賢。

悲華經云：「我行要當勝諸菩薩寶藏。佛言：以是因緣，今更汝字，名曰普賢。」行無不徧曰普，佑上利下曰賢，以周徧佑利，故名普賢。

然行爲修道之首，非行則福慧不能生，施心不能普，六度不能修，衆生不能度，故諸佛、菩薩，無有不從行門中出也。然文殊是能起之信解，普賢是所起之萬行，互相融攝，表依信起行，行能顯理故。

大悲觀世音菩薩

記 大悲者，專用悲心以化度也。誓願弘深，故稱爲大。尋聲救苦，故名曰悲。梵語阿那婆婁吉低輸，此云觀世音。觀是能觀之智，音卽所觀之境。

楞嚴經云：「此方眞教體，淸淨在音聞。」非智不能起行，非行不能興悲，以表受此飲食，願要智悲同運，廣化衆生，故立文殊、普賢、觀世音也。

諸尊菩薩摩訶薩

記 諸尊者，該攝塵方一切菩薩也。如地藏、勢至等衆聖，有如是恩德，無量無邊，一切衆生，無有過者，故稱曰尊。梵語摩訶薩，此云大菩薩。位登十地，等覺以上者，悲智並運，自利利他也。此則，總結供養一切僧也。

摩訶般若波羅蜜

記 言摩訶者，深大般若，揀非淺小般若也。梵語般若，此云智慧。波羅蜜，此翻到彼岸。生死爲此岸，涅槃爲彼岸。般若，是六度萬行之首。波羅蜜，是涅槃彼岸之終。諸佛菩薩，以般若爲能乘，涅槃爲所乘，依六度法，運諸衆生，出於苦海，到涅槃彼岸也。此句，總結供養一切法也。佛是能說，故先供，僧是能傳，故次供，法是所說、所傳，故後供。三寶一供，六道均益故，四恩總報故，未受食前，應先稱供也。

「粥有十利，饒益行人；果報無邊，究竟常樂。」（早時念）

記　僧祇律云：佛在舍衛城，時難陀母作食，先飯比丘，後自食，復作釜飯，逼上飯汁自飲，覺身內風除，宿食頓消。由是多水少米合煎，復用胡椒、蓽茇，調和奉佛。所以佛聽比丘食粥，有十種利故。

一、資益身軀，顏色豐盛。
二、補益尫羸，增長氣力。
三、補養元氣，壽算增益。
四、清淨柔軟，食則安樂。
五、滋潤喉吻，論議無礙。
六、調和通利，風氣蠲除。
七、溫煖脾胃，宿食消化。
八、氣無礙滯，辭辨清揚。
九、適充口腹，肌餒頓除。
十、喉吻霑潤，渴想隨消。謂：粥有如是利益，不可思議，果報亦不可思議，其饒益行人是願，表因。果報常樂，表果。謂：施主以十利之粥供養者，必當感證涅槃妙果，而獲常、樂、我、淨四德也。

周書云：「黃帝始烹穀爲粥。」魏武帝苦寒行曰：「行行日已遠，人馬同時飢；擔囊行取薪，斧氷持作糜。」

「三德六味，供佛及僧，法界有情，普同供養。」

記 三德者：

一、清淨。謂：供佛僧之食，常使清潔，無葷穢之氣。

二、柔軟。謂：供佛僧之食，當須柔軟甘和，而無麤澀之味。

三、如法。謂：供佛僧之食，當隨時措辦製造得宜也。六味者，謂：酸、苦、甘、辛、鹹、淡也。

涅槃經云：諸優婆塞，爲供佛及僧，辦諸食具，種種備足，皆是旃檀、沉水香薪，八功德水之所成熟，其食甘美，有美德焉。供佛者，謂：供三世諸佛也。僧有二種：一者，菩薩僧。二者，比丘僧。供佛未有不供僧也，故曰及。普同者，上至諸佛，中奉賢聖，天、龍、護法，下至一切含靈，無不徧及，故曰普同供養。

「若飯食時，當願衆生，禪悅爲食，法喜充滿。」

記 禪悅、法喜者，此乃出世五種食中兩法也。故華嚴疏云：「世間之食，但能資益生死之身，修行之人，於世美味，心不貪嗜，常持正念，以禪悅法喜爲食，則能長養善根，出離生死，成就菩提，故有出世五種食也。
一、念食。謂：修聖道者，常持正念故。
二、法喜食。謂：愛樂大法，資長道種故。
三、禪悅食。由得定力，資長慧命，道品圓明，心常喜樂故。
四、願食。謂：不捨梵行，長養一切善根，如世之食，資益身根故。
五、解脫食。謂：離諸業縛，於法自在，長養菩提故。
此五種是聖食，第一句偈是凡食。謂：米炊熟曰飯。又飯，茹噉之義。謂：進食之時，作是願言，我今受此段食，資養幻軀，修出世道，願諸衆生，不由胎藏，不假段食，惟得禪悅、法喜二食，長養聖根，資持慧命也。

出生

記 出生者，當時世尊爲鬼子母等，惱害人民，兇惡無比，故先以威折，後以慈攝，以法食易其口腹，不使生命，入其死門，故曰出生。然恐法化不恒，兇惡之輩，仍害生命，乃敕諸弟子，凡修行處，食時先施法食，令滿法喜故。
涅槃經云：「不施食者，非我弟子。」

集 念畢，出生，用匙取飯七粒，麵不過一寸，以左手大拇指捻無名指，作甘露印。

默念偈云：

「法力不思議，慈悲無障礙；七粒徧十方，普施周沙界。」

集 將匙中飯，給侍者送去，匙朝裏向。默念呪云：

唵·度利益莎訶（三遍，每遍彈指一下）

記 法力者，偈呪觀行力也。不思議者，謂此觀行之力，不可以心思，不可以言論，而能成就不思議之慈悲。以慈故，飽滿一切。以悲故，拔飢渴苦。障礙者，謂餓鬼有三障：

一、外障。謂：餓鬼常受飢渴，皮肉血脉，皆悉枯槁，頭髮蓬亂，其面黯黑，唇口乾焦，常以其舌，自舐其面，慞惶馳走，處處求食，所到泉池，便見其水，變成膿血，自不欲飲。如是等鬼，由外障礙飲食，是名外障。

二、內障。謂餓鬼針咽炬口，其腹寬大，縱得飲食，不能啖飲。如是等鬼，由內障礙飲食，是名內障。

三、無障。謂有餓鬼，名猛焰鬘，雖見飲食，無有障礙，然隨所噉之物，皆被燒然，變成火炭，由此因緣，飢渴大苦，是名無障。

如上重苦，以慈悲力故，得無障礙。以無障礙故，而能以七粒之飯，化少成多，周遍沙界，令諸鬼神，個個消諸障礙，得沾法味，而得解脫也。念偈咒云：

「大鵬金翅鳥，曠野鬼神衆，羅刹鬼子母，甘露悉充滿。」

唵．穆帝莎訶（三遍）

記 觀佛三昧經云：「金翅鳥王，名曰正音，於衆羽族，快樂自在。於閻浮提，日食一龍王，及五百小龍，於四天下更食，日日數亦如上。周而復始，經八千歲，死相既現，諸龍吐毒，不能得食，飢逼慞惶，求不得安。至金剛山，從山直下，至大水際，從水際至風輪際，爲風所吹，還上金剛，如是七返，然後命終。以其毒故，令十寶山，同時火起。難陀龍王，懼燒此山，卽降大雨，滴如車軸，鳥肉消盡，唯餘心在，心又直下七返，如前住金剛山。難陀龍王，取爲明珠，轉輪聖王，得爲如意珠。」若人念佛，心亦如是。

起世經云：「龍與金翅鳥王，皆具胎、卵、濕、化四種。」

樓炭經云：「四生金翅鳥，還食四生龍。」

涅槃經云：「惟不能食受三歸者。」

華嚴經云：「此鳥食龍所扇之風，若入人眼，人眼失明，故不來人間，恐損人眼故。」

起世經云：「大海之北，有一大樹，名曰居吒奢摩離，其樹高一百由旬，枝葉徧覆，五十由旬。此鳥與龍，皆依此樹四面而住。四面各有宮殿，縱廣六百由旬，七重垣墻，七寶莊嚴。

卵生鳥王，居樹東面，欲啖龍時，飛上東枝，觀大海水，乃即飛下，翅扇海水，自開二百由旬，取龍食之。此鳥王惟能取卵生龍也。

胎生鳥王，居樹南面，欲取龍時，飛上南枝，令水自開四百由旬，取龍食之。此惟能取卵胎二種龍也。

濕生鳥王，居樹西面，欲取龍時，飛上西枝，令水自開八百由旬，取龍食之。此惟能取卵、胎、濕三種龍也。

化生鳥王，居樹北面，欲取龍時，飛上北枝，令水自開一千六百由旬，取龍食之。此鳥卵、胎、濕、化四種龍皆能取也。

於時有化龍子，於六齋日，受齋八禁。時金翅鳥欲取食之，啣上須彌山北大鐵樹上，高十六萬里，求覓其尾，了不可得。鳥聞亦受五戒，如來令沙門釋子受食之時，先施彼一分，以養其命，故有此緣也。」

曠野鬼神衆者。

大涅槃經云：「佛告諸比丘：我於往昔，分衞聚落，見樹下有一鬼神，名曰曠野，純以血肉爲食，日啖一人。我於爾時，爲說種種妙法。然彼愚痴，不受我教，我即化身爲大力鬼，動其宮殿，使彼迷悶，令心不安。我還以慈悲手，拊摩其身，彼卽坐起，生善信心。我復本相，爲說法要，授不殺戒。其鬼白曰：我及眷屬，惟仰血肉爲食，今受戒已，云何存活？佛言：今敕弟子，隨修行處，食時先施一分，令汝等飽滿，若不出生，非佛弟子。」故有此緣也。

鬼子母者，羅刹中之巨擘也。梵語羅刹，此云速疾鬼。

阿含經云：「此母先身是牧牛人婦，因有不如意事，起嗔恚心，發願食王舍城中，所有諸人男女。因其惡願，捨身隨生藥叉之內，而有千子，皆爲鬼王，統數萬鬼。五百在天上，常嬈亂諸天。五百在世間，常嬈亂國界人民，日日噉王舍城中諸人男女。時彼城人，皆言爲賊將去。護城善神告曰：汝等男女，非賊偷去，乃歡喜藥叉取而食之。諸人答曰：若取我等男女食者，乃爲怨賊，何名歡喜？」是故梵語呵底利母，此云怨賊，卽諸天中，鬼子母天是也。

「王舍城人，白佛求救，佛遂藏其稚子，名曰愛兒，此母天上人間，處處求覓不得。後遇增長天王，指詣佛所。佛言：汝憐愛兒乎？汝有千子，一尙見憐，況復餘人，一二而已！汝復食之，其苦何如？世尊說法化導，遂揭鉢還之，令受三歸五戒，得須陀洹，住佛精舍。」

無子息者，求子得子，有疾病者，禱之則安，故爲鬼王母。

「由受佛戒，亦呼千子，同依佛所，聞法化導，不惱天人。其母白佛言：旣受戒已，我及子衆，今何食耶？佛言：苾蒭凡受食時，先出一分，令汝等充足飽滿。」故西乾諸刹，或於門屋處，或於食厨邊，設一小桌，安一盆器，塑畫母形携一子於膝下，大衆受食之時，施其一分，令彼脫離飢渴之苦，此是西天竺國出生之軌則也。以是觀之，各各出生，元非正制，但令侍者送食，衆持偈呪，施心普矣。原重於法，不在食之多少，若在道行，或分衞處，及施主家，上座出生，下座送食，餘持偈呪，理則如然。若獨分衞，當須自出，其意明矣！

已上三緣，如是暴横，見佛威神，不動聲色，而能降伏。然恐其暴惡習氣未盡，故先以甘露妙法，滌其心胸，後以飯食，令充足飽滿也。如上二偈，本於涅槃、天傳二典，故句異而義同，凡出生時，須合持誦。

集　今時每見以指印表喩須彌山，將食周繞數次，或復繞竟，翻轉手印，種種做作，覈考經律，不出典章，全失威儀。若論理，唯左手結印，右手出食，口中默誦偈呪，是其正也。按南海寄歸傳云：「西域僧衆赴供受食處，上設一聖僧座，邊傍設一小桌，安一盆器，供鬼子母。」凡行食時，先供聖僧，次供現前大衆，後供鬼子母食，無有各各出生之制。今順東土古儀，雖各各出生，但不可種種做作也。

侍者送食

記　侍者，乃近承之人。送食，是奉師之教，設或師自往者，衆必齊起，反令驚動，以致不安，故令侍者代送也。應念偈咒云：

「汝等鬼神衆，我今施汝供；此食徧十方，一切鬼神共。」

唵．穆力陵莎訶（三遍）

記　汝等者，謂指上神畜三種，直呼其名而施彼法食也。婆沙云：「鬼者，畏也。虛怯多畏故。又希求名鬼。」謂：恒從他人希求飲食，以活性命故，而有三種。

一、謂罪業極重者，積劫不聞水漿之名。

二、但伺求人間蕩滌、膿血、糞穢而食。

三、時或一飽，謂作惡衆生，由慳貪故，生於此道。

神者，能也。大力能移山塡海，小力能隱顯變化。又氣伸者爲神，屈者爲鬼，故曰鬼神。槩而施之曰衆，我今施汝供者，謂正當比丘受食，未曾嚥嚼之時，以此淸淨妙供，施與彼故。此食遍十方，一切鬼神共者，鬼神以觸爲食，謂諸鬼神等，各散十方，而此呪食，能徧十方，令鬼神共觸氣分，以表佛慈平等，皆得平等法味也。

感通傳云：「昔南山大師住世化導，不飡人間飲饌二十餘年，常受天供。一日師問天人曰：『貧道修行何德，敢勞尊天送供？』天人答曰：『我師曾為沙彌時，每於出食，施諸有情，我等咸霑法食之味，皆令得脫苦趣，遂感天身。是故常感大師法乳之恩，濟度我等，今來酧報。』」斯乃宣祖道德之所致耳！由是觀之，學道之人，凡所作一切行，皆回向法界一切衆生，同成覺道。斯乃菩薩行，其功德，不可思議也。侍者送食回，候維那唱僧跋，鳴磬一聲，方歸本位。

僧跋

記 僧跋者，卽等供之唱法也。

梵摩難國王經云：「梵摩難王太子，名均鄰儒，出家得道。王時不知，每往供養，異於衆僧。佛知王用恩愛，故告言：『一切衆生，皆我親屬。夫欲施者，皆當平等，不問大小。』佛勅阿難，臨飯唱僧跋，令衆僧飯皆平等。」

寄歸傳云：「三鉢羅佉多，此云善至，或是密語，能除毒故。」義如後釋。

「佛制比丘，食存五觀，散心雜話，信施難消，

大衆聞磬聲各正念。」

記　佛制者，猶奉王勅也。十誦序云：「尸利仇多，疑佛有一切智，乃計毒食，舍內作大火坑，令無烟焰，以沙覆上，敷不織床。自言：『若佛有智，當不赴請。』佛以應度，默允。乃語阿難，令諸比丘莫先行，如來領諸比丘入於彼舍，火坑中化生蓮花，佛與比丘，皆行花上，其不織床，皆成完床。尸利感化，白佛：『此食雜，不堪供。』佛言：『但施，食之無病。』佛告阿難宣令：『未唱呪願，不得先食。』唱已，食皆甘美。佛還作法，從今未唱呪願，不得食也。」

食存五觀，詳著下文。散心雜話乃至各正念者，此述佛告阿難宣令之意，以警比丘，常修正觀，乃可受食；若不修觀，散心雜話而食者，則信施難消也。

古云：「施主一粒米，重如須彌山；若還不了道，披毛戴角還。」難消二字，甚於尸利仇多毒藥也。是故叢林，至今遵佛遺勅，將受食時，擊磬宣偈，令諸比丘於聲中各存正念。

正念者，如理而念，名爲正念，卽念慧也。謂沉掉有無等。不動，謂不動正念也。

梵網經云：「寧以此口，吞熱鐵丸，及大流猛火，經百千劫，終不以此破戒之口，食信心檀越百味飲食。」

五燈云：「提婆尊者得法後，至迦毗羅國。有長者名梵摩淨德，一日園樹生耳如菌，味甚甘美，唯長者與第二子羅睺羅多取食，取已隨長。餘親屬皆不能見，祖知其宿因，遂至其家。長者問其故？祖曰：『汝曾供一比丘否？然此比丘，道眼未明，虛霑信施，故報爲木菌。惟汝與子，精勤供養，故得享之。』又問長者年多少？曰：『七十九。』祖說偈曰：『學道不通理，轉身還信施；汝年八十一，此樹不生耳。』後如其記。」

集 律中佛制，衆僧受食，唱僧跋者，因外道請佛及僧，密下毒藥於食中，故令諸比丘，一齊唱云：「三跋羅伽多，所有毒藥，皆變爲上妙美味，衆食安樂，免其毒害。」言僧跋者，僧卽受食之僧衆，跋卽所唱之秘呪也。梵語三跋羅伽多，此云等供，謂衆僧食皆平等故。又云善至，謂供具善成，食時復至故。今此方唱五觀，令衆一心受食。而爲僧跋者，一則無有外道毒害故，二則令人慚愧受食故，是以雖非正制，東夏通行。

擧鉢

記 既聞唱警策文，及磬聲已，卽當以左手持鉢，右手扶緣，一擧，默持此偈呪云：

「執持應器，當願衆生，成就法器，受天人供。」

唵·枳哩枳哩，縛日囉，吽，潑吒。（三遍，捧鉢當胸受食）

記 執持者，手捧也。梵語鉢多羅，此云應量器。謂體色量三，與法相應，名爲應器，體雖許泥鐵，惟重於瓦。

善見律云：「三乘聖人，皆執持瓦鉢，乞食資生，以四海爲家，故名比丘。」色，惟聽熏作鳩鴿項色，不許靑、黃、綠、白，及彩畫雜色故。量，則雖有上中下三等，佛制令隨身分量故。三者之中，有不如法，便非應器也。執持應器，必誦呪偈，回向衆生，卽體是法，本來成就故。成就法器一句，而空、假、中備矣。乃至制度之法，三匙五觀之意，皆出於應量，則諸法無不具足也。

四分受戒犍度云：「世尊昔日於菩提樹下，初成佛時，有二賈客，將蜜麨奉佛。世尊作是念，過去諸佛，以鉢受食。是時四大天王，各以石鉢，疾獻世尊。如來復作念云：若於一人邊受者，餘則有恨。我今四鉢總受。次第相重，安左掌中，以右手按下，佛神力故，合成一鉢。」故云成就法器，受天人供也。

故律中不聽比丘畜石鉢，若畜，犯偷蘭遮，若不知如是應量之法，卽滴水難消，況天人供耶？一正受食時，應具威儀。

僧祇律云：「比丘受食，當如雪山象王食法，食入口已，以鼻作後口分齊，前食咽已，續內後團，不得大，不得小，當可口食。上座當徐徐食，不得速食竟住看，令年少比丘，狼狽食不飽。若麨團大，當手中分令可口，餅亦如是。受食時，不得令一粒落地，若食薄粥羹飲，不得噏使作聲，當徐徐咽。」

根本律云：「不彈舌食，不嗁嗏食，不訶氣食，不吹氣食，不得振手食，廣如律中。」

三匙有節

記 節者度也，謂受過三匙飯，或用箸，或以匙，取羹而食也。然初不停于二，終不至于四，而必以三者何也？表願斷貪嗔痴三毒，及顯三聚淨戒故。智度論云：「食爲行道之本，正受食時，須作三願。」

初匙，願斷一切惡。

記 願斷一切惡者，謂無惡不斷。天台云：「有界內、界外惡，卽見思、塵沙、無明等惑是也。」初下匙時，當願此生，所有身口意三業，及一切不善之法，悉令斷盡也。

二匙，願修一切善。

記 願修一切善者，謂無善不修。次下匙時，當願此生，所有一切善法，悉令勤修，卽如來所說戒、定、慧三學，并三十七品助道等法，乃至百千三昧，無量法門是也。

三匙，誓度一切衆生。

記 誓度一切衆生者，謂無一衆生不度。如阿難發願：「如一衆生未成佛，終不於此取泥洹」也。次下匙時，當作是願，此生所修善根，回施一切衆生，共成佛道。前二匙是自利，此正當利他，卽四弘誓願也。

集 如是行者，承此呪願力，勝河沙七寶，百味飲食，供養諸佛、菩薩，賢聖僧也。

記 此三願心，本起信論文云：一者直心，正念眞如法。二者深心，樂集諸善行。三者悲心，欲拔衆生苦，亦卽三方便。

一、能止方便，止一切惡法。

二、發起方便，發一切善根。

三、大願方便，願度一切衆生。語云：三心未盡，滴水難消，夫是之謂歟？

五觀無違

記 無違者，理事無礙也。謂觀中卽事卽理，諦思融會故。若學道人，受食不存正念，如牛噬草何殊？

故懶菴禪師曰：「十方僧物重如山，萬劫千生豈易還？金口共談人未信，他年爭免鐵城關。」又曰：「人身難得好思量，頭角生時歲月長；堪笑貪他一粒米，等閒失却半年糧。」

由此觀之，三學不修，被食所墮，可不愼歟！

一、計功多少，量彼來處。

記　計功多少者，謂想此一鉢之飯，非是等閒，推其原本，自從種、植、收、穫，農夫酌晴較雨，乾旱水澇，鍬鋤犁耰，以至淘炊等，作夫流汗合集，食少汗多，功重如是。

古云：「鋤禾正當午，汗滴禾下土；誰知盤中飡，粒粒皆辛苦。」故律云：「一米百工」是也。入口卽成不淨，頃刻變爲屎尿，惡不欲見，我若貪著，當墮地獄，呑熱鐵丸，出爲畜生，償他宿債。如是觀已，心生厭離，方堪受食。

量彼來處者，僧祇律云：「皆是信心檀越，減損口腹，爲求福故，布施我等，所謂檀信脂膏，行人血汗，若無修行，粒米難消。」

故文殊問經云：「菩薩若無思惟，卽飯亦不應受，凡受食時，當作此觀。」

二、忖己德行，全缺應供。

記　忖，計度也。謂：計度己之德行全缺也。若果勤修三學，化導衆生，具此二利之德，名之爲全，方堪應供。若不具者，名之爲缺，則不宜受。

故毗尼母經云：「若不誦經坐禪，營三寶事，及不持戒，受他信施，爲施所墮。」又云：「斷三界見思惑盡，證阿羅漢果，方爲全應供。」若初、二、三果已來，皆名缺應供也。然德行雖全，猶須觀法，方消信施。故天台云：「不問乞食衆食，皆須作觀，若不入觀，即潤生死，所謂學道不通理也。」全既如此，況缺者耶？凡受食時，當作此觀。

三、防心離過，貪等爲宗。

記 防心離過，貪等爲宗者。以貪嗔痴三毒，是一切衆生生死根本，造業因緣。謂：此心具足無量無邊煩惱之過患，而貪嗔痴是其根本，故曰爲宗。宗者，主也。故彌勒問經云：「一切惡法，皆從貪嗔痴起，我等爲道捨家，應當謹愼防之。」根本若遣，諸惡遠離，故於美味，不起貪想。於粗食，不起嗔恚。於不粗不美食，不起痴心。凡受食時，當作此觀。

四、正事良藥，爲療形枯。

記 正事良藥，爲療形枯者。謂：吾人四大成身，常爲飢渴所病，苟非飲食，則形枯色顇，無由進修道業，是以飲食爲資身治病之良藥，修行進道之機關。如有貪著，則反成沉痾矣！

阿育王經云：「優波笈多，以一器盛滿乳糜，又以一空器，並置一貪食比丘前。語言：『汝可待冷，稍稍飲之。』而比丘貪食心重，便吹使冷，乃并食之。笈多曰：『乳糜雖冷，汝心故熱，復須冷之。當以不淨觀爲水，除此心熱。若見飲食，如服藥想。』比丘食竟，卽便吐出，滿於空器。笈多曰：『汝可更食。』比丘曰：『不淨何可復食？』笈多曰：『汝觀一切法，猶如涕吐。』因爲說法，比丘精進，思惟觀察，得阿羅漢果。」凡受食時，當作此觀。

五、爲成道業，應受此食。

記　爲成道業，應受此食者。謂：出家人，無爲無欲，清淨自守，隨緣飲啄，以資形命，爲修三乘道業故。不食，則形羸色變，道業難成，今因成就道業，故受此食。苟不修道，則粒米難消。慈恩云：「爲成道故施將來，道業未成爭消得。」可見飲食是助道正緣，所以受之，若自知道業未成，切須深生慚愧。故行護云：「所食須生慚愧，當作觀法。」摩得勒伽論云：「若得食時，口口作念，若不如是用心，便名虛消信施。」凡受食時，當作此觀。

集　一、計功多少。智度論云：「此食墾植、收穫、舂磨、淘汰、炊煑，及成功用甚多。」量彼來處。僧祇律云：「施主減其妻子之分，求福故施，凡受食時，當作此觀。」

二、忖己德行，全缺應供。毗尼母經云：「若不坐禪、誦經，營三寶事，及不持戒，受人信施，爲財所墮，則不宜受食。德行若全，則可應供受食。」凡受食時，當作此觀。

三、防心離過，貪等爲宗。明了論疏云：「出家先須防心三過。」謂：於上味食起貪，下味食起嗔，中味食起痴，以此不知慚愧，墮三惡道。凡受食時，當作此觀。

四、正事良藥，爲療形枯。謂：飢渴爲主病，四百四病爲客病，故須以食爲醫藥，用資其身。凡受食時，當作此觀。

四百四病者：人身假地水火風四大所成，一大不調，則生百一種病，四大共成四百四病。

五、爲成道業，應受此食。謂：不食則飢渴病生，道業何成？增一阿含經云：「多食致苦患，少食氣力衰，處中而食者，如秤無高下。」凡受食時，當作此觀。

記　此五觀道，本遺教經文云：「受諸飲食，當如服藥。」四觀義也。次云：「於好於惡，勿生增減。」三觀義也。三云：「趣得支身，以除飢渴。」五觀義也。四云：「受人供養，趣自除惱。」二觀義也。五云：「無得多求，壞其善心。」一觀義也。古德云：「五觀若存，千金易化；三心未了，滴水難消。」所以和尚廣引經論，以發明也。

洗　鉢

記 洗者，蕩滌其膩屑也。謂：受食已畢，應當如法滌器，若論西土洗法，必須灰泥、皂莢、蒟摩艸等，方除油膩。謂：彼處食多乳、酪、酥、油故，此方但盛米飯，只須滾水洗之，卽潔矣。偈咒云：

「以此洗鉢水，如天甘露味，施與諸鬼神，悉皆獲飽滿。」

唵·摩休囉悉莎訶（三遍）

記 梵語蘇嚕巴，此云水。而喻甘露者，蓋謂比丘以水洗鉢，滌時加持偈呪，其法力之功，不可思議。以此法水，普濟羣生，令其善芽增長，罪垢蕩除，離生死之熱惱，除貪愛之枯竭，成就菩提，超登覺岸，是以喻如不死妙藥也。世人但知施食之利最多，而不知此施水之功逾勝。謂餓鬼咽喉熾然，見水不能得飲，惟此呪水飲之，咸得消涼，而脫苦趣。是故洗鉢之時，加持偈呪願力，以水施與，如天甘露，能令鬼神不飢渴故。去水已，復應展故。不展，而水不能乾，內恐濕氣，外恐招塵，故須展也。

經律異相云：「有阿羅漢，常入龍宮應供。食還，以鉢受沙彌洗，鉢中有殘飯數粒，沙彌嗅之大香，食之甚美，便作方法，入師繩床下，兩手捉脚。其師至時，繩床俱入龍宮。龍言：『此未得道，何以將來？』沙彌食鉢粒故。」

五雲志逢禪師，一日入普賢殿中晏坐，倏有神跪於前，師問誰？曰：「護戒神。」師曰：「吾有何愆耶？」神曰：「洗鉢水師每傾棄，非所宜也。」師從此後盡飲之，即成脾疾，十載方愈。

結　齋

記　結者，收歸也。檀越為生善故，設齋供養衆僧，齋供既畢，仗呪力加護二偈功能，結其善法，令不散失，自他兩利，二施無窮，故云「結齋」。先念準提呪者，願所求如意也。

所謂布施者，必獲其利益；若為樂故施，後必得安樂。

記　運心普徧為之布，輟己惠人為之施。

月燈三昧經云：「布施，乃破慳貪之前陣，入正道之初門。」

四分云：「此乃如來成道於菩提樹下，最初受二賈客蜜麨之回向偈。今時結齋所以念之，然受者雖無如來德行，仗佛願力，必令施者得安樂也。」

律云：「施者凡所供養，必有願求，或求生天享福，或求解脫輪迴，或長壽安樂，或求寂滅涅槃。受者當於三寶前，宣達其願。故如來受食已，即說此偈回向。所謂何心施者，隨因感果，必得其中如願也。」

有惠身心曰利，所求滿願曰益，以福田植種，非僧不能故。上二句明感，下二句顯應。遠離生死曰安，不受諸有曰樂。所謂：「端坐受供養，施主蒙安樂。」故云：「若爲樂故施，後必得安樂」也。偈云：

飯食已訖，當願衆生，所作皆辦，具諸佛法。

記 終止爲訖，訖者，盡也。謂：受食洗鉢已，正當施法之時也。若不發願回向，則前三匙五觀，皆爲剩語，有始無終。是故當願一切衆生，究竟一切事也。所作皆辦者，約事而言，佛世比丘受食竟，收衣鉢，洗足已，敷座而坐。或坐禪，或修觀，增其三學故。略言觀行已周，厨務行堂已畢，惟勤佛道，無別事故。至於入理深談，豈易言哉？二乘秖斷見、思惑，菩薩將盡無明，尚未名皆辦。惟佛五住究盡，二死永忘，可稱皆辦也。然世人食已，非奔走塵務，則增長睡眠故。今願回向佛道，故云所作皆辦，具諸佛法也。佛法總具，自然所作皆辦。所作皆辦者，無有不具諸佛法也。

受　𧢄

記 上古檀越飯僧，先以布氎𧢄其座，齋已送𧢄作衣，故親從衣，後以銀錢代布，故親從貝。謂飯僧不足以盡敬，而加贈之以物，表禮節慇懃之至。於時祝誦。偈云：

「財法二施，等無差別；檀波羅蜜，具足圓滿。」

記　養命之源曰財，契悟心地曰法。施者，散與也。婆須蜜論云：「作檀䞋，此云財施。解言報施之法曰達䞋，導引福田，亦曰達䞋，字咸從口。」西域記正言：「達䞋拏」者，右也。或云：「馱器尼。」以右手受人所施，爲其生福故。

財法二施，等無差別者，謂：檀信以財施，比丘以法施，二種功德較量，無有優劣。故云：「等無差別。」檀者，華言施。波羅蜜，此翻事究竟。菩薩爲衆生，偏修一切事行圓滿故，今之所施，本欲圓滿檀波羅蜜也。卽所謂「財施無盡，法施無盡，福德亦無有盡」。故云：「具足圓滿」也。

取楊枝

記　手捉曰取。楊枝者，梳齒之木也。白玉蟾記云：「太微空中，箕宿之精，化而爲柳。垂垂，裊裊，於淡雲疎雨之間，古之所隱於柳者，蓋欲彰其溫柔謙遜之志也。」

寄歸傳云：「梵語憚哆家瑟詑，憚哆譯之爲齒，家瑟詑，卽是其木。豈容不識齒木，名作楊枝？」西國柳樹全稀，譯者輒傳斯號，佛齒木樹，實非楊枝。那爛陀寺，目自親覩，其齒木大如小指，大木破用，小條截爲。近山莊者，則柞條，葛蔓爲先。處平疇者，乃楮、桃、槐、柳隨意預收備擬，無令闕少。

三千威儀云：「用楊柳有三事：一者，斷當如度。二者，破當如法。三者，嚼頭不得過三分。」言斷當如度者，齒木有三種，長者十二指，短者六指，二內名中。

集 律中名曰齒木，楊有四種，皆可梳齒也。

一、白楊葉圓。

二、青楊葉長。

三、赤楊霜降葉赤。

四、黃楊木性堅緻難長。

今咸以柳條當楊枝，柳條垂下，乃小楊也。若無柳處，將何梳齒？須知一切木皆可梳齒，皆名齒木，但取性和有苦味者，嚼之，不獨爲柳木一種也。念偈咒云：

「手執楊枝，當願衆生，皆得妙法，究竟清淨。」

唵．薩吧縛述答，薩哩吧，答哩嘛，薩吧縛述怛吩，

唵．藍莎訶。（後淨法界呪持二十一遍）

記 手執楊枝者，謂食罷之時，當去穢以究佛法也。菩薩百無所思，一切天人，覓其起處不得，忽然機境相逢，乃見入事入理之無窮。是故菩薩纔舉楊枝，便願一切衆生於禮

拜、持誦、觀心、閱教，皆得悟入妙法。究竟妙法無他，直願一切衆生，清淨而已！
以今生持戒清淨爲因，則當來究竟清淨爲果，蓋楊枝質性溫柔，滋味清涼，故取其義爲喩也。故華嚴疏云：「楊枝五利，是曰俗法。」

嚼楊枝

記 嚼者，咀噬也。謂：手握楊枝，以齒碎齧也。法苑云：「垂楊細柳，綠幹新條，去熱則口發幽蘭，淨齒則氣含優鉢。」念偈咒云：

「嚼楊枝時，當願衆生，其心調淨，噬諸煩惱。」

唵．阿暮伽，彌摩隸，爾縛迦囉，僧輸馱你，鉢頭摩，俱摩囉，爾縛僧輸馱耶，陀囉陀囉，素彌麼犂，莎縛訶。（呪持三遍）

記 嚼楊枝時者，謂受食已，卽當梳齒，不得延挨過也。律云：「餘津若在，卽不成齋，誦經、聽法、受禮、禮他，並皆得罪，謂淨穢相參故。」其楊枝味苦澀，嚼之則有益身心。菩薩爲願一切衆生，調伏煩惱，更無別事，惟示堅忍之法，除其煩惱，亦如飲楊枝苦味，而消除煩熱也。

其心調淨，噬諸煩惱者。謂：眞如心體，本自清淨，但爲無明所蔽，妙淨明心，不能得顯。今用戒力以調伏之，則淨明獨露，其諸煩惱惑業自消，喻如楊枝噬斷，而永不復續矣。

集 凡嚼楊枝時，須令涎盡，然後以水漱之，不得含水同梳。其嚼楊枝，有五種利益：一、口不苦。二、口不臭。三、除風。四、除熱。五、徐痰癊。若用殘者，當棄屏處，不得擲大衆行坐之所。

漱口

記 漱者，以水漱滌口中膩滑令淨，以便說法禮敬，無礙于事理也。念偈咒云：

「漱口連心淨，吻水百花香；三業恒清淨，同佛往西方。」

唵．憨。唵．罕莎訶。(三遍)

記 漱口連心淨者，謂：食時菜甲遺于陜間，久之作氣，故食畢嚼齒木已，必須漱口，滌其渣滓，令淨盡無遺。以事推理，匪止口淨，亦兼心淨矣。吻，猶含也。百花香者，乃表因果齊彰也。此言當含水于口內，百花香噴於口外，正喻持戒堅眞，心體清淨，則戒香自當馥郁也。

三業恒清淨，同佛往西方者。謂：身語意業既然清淨，則兩乘戒體自圓，淨戒爲因，淨土爲果，便同諸佛，無二無別，西方極樂，彈指可超，三界自不漏落矣。

出錫杖

記　出者，謂從內取出行持也。錫者，八義彰名，謂能輕煩惱，明佛法，出三界而不迴，悟正法而頓醒，斷我慢，疏三毒，採取戒定慧寶，成就無上菩提，故名爲錫。杖者，扶也，依也。謂：依杖行持，能扶我出離三界故，四鈷十二環，是釋迦牟尼佛杖。兩鈷十二環，是迦葉佛杖。又大小兩乘，用各不同，制亦是別也。

集　梵語隙棄羅，此云錫杖。乃三世諸佛所持，以彰智行功德，淨除煩惱業障。比丘每日早食竟，齒木已，須禮佛出杖。若有白衣，及沙彌，令彼授與。若無，禮佛三拜，起已，自取持出，向東拭塵，如法作觀。其觀行威儀，廣詳「錫杖經」中。手取杖時，默誦此偈呪云：

「執持錫杖，當願衆生，設大施會，示如實道。」

唵．那嘌嚐，那嘌嚐，那栗吒鉢底，那嘌帝，娜夜鉢儜，吽，潑吒。（三遍）

記　執持者，手擧也。有其二義：一、執，爲行道之儀。二、振，以乞食故擧。所以發相似之顯，無依之道，是眞道也。向無餘法，眞涅槃也。故經云：「如是杖者，乃聖之標幟，賢士之明記，趣道法之正幢，建念義之志，具斯四義，故名錫杖。」

良以法依心建，教對機談，沙門之法，解空得道，執持錫杖，醒悟世間一切衆生，故當先發願也。設大施會，示如實道者：卽事明理，就實開權，是以建大法幢，開闡人天正路，關閉諸惡道門，令法界衆生，不入迷途；顯示一眞實相之理，以如如之智，契如如之理，智理一如，契合中道之理。故云「設大施會，示如實道」也。

敷單坐禪

記　敷者，舖飾也。梵語禪那，華言靜慮，乃寂照不二之義。謂：內心不染，外境不牽，息諸緣而常安，見一心而證道，故云「禪那」。偈云：

「若敷床座，當願衆生，開敷善法，見眞實相。」

記　展開坐具曰敷，能裝載身形曰床。三尺、五尺爲榻，八尺曰床。有繩床，有木床，各有五種，謂旋脚、直脚、曲脚、無脚，入陛是也。座者，榻也。學道之人，於上跏趺，息心定慮，究明大事之所也。

下二句就事顯理，謂此幻殼，久被無明封固，何能得顯眞理？必以戒爲基本，於此坐禪習定，則妄心勦絕，智慧現前。所謂「迷雲散於長空，清珠投於濁水；開無明之愛網，見一乘之實相。」又云：「心目有用，故名爲開。」謂初破無明，開如來藏，見實相理，如日出暗滅。故云：「開敷善法，見眞實相」也。然此實相，卽諸佛本源心地異名。以其離一切相，卽一切法，超諸戲論，不可破壞，無相不相，故名實相。念偈咒云：

「正身端坐，當願衆生，坐菩提座，心無所著。」

唵．縛則囉，阿尼鉢羅尼，邑多耶，莎訶。（三遍）

記 正身端坐者，形端表正也。此是身儀。謂閉目澄心，兩手相交而重沓也。儀容挺特，形若孤松，故云「正身」。身正則心正，禪波羅蜜具出坐法，若半跏，以左壓右，牽來近身，與左右胜齊。若全跏，更趾右以壓左，如龍蟠結，周正其身，手以右壓左，置右脚上，亦令近身，當心安置。古往諸佛及弟子衆，盡行此法。非世受用法，不與外道共，能破魔軍，及煩惱故。內以圓觀，更加讀誦，如膏助火也。

菩提者，華言覺道。座者，自悟本有空王之座也。此座人人本具，故曰：「當願。」如蓮華不染，故曰：「無著。」華嚴經云：「菩提心者，猶如種子，能生一切諸佛法故。」其下有一百十八種喻，無由出此一偈也。又菩提者，謂外修觀行，內明理智，萬緣俱寂，一心向道也。而云爲座者，以菩提乃所證之理。故經云：「衆生心水淨，菩提影現中。」又心無所著者，卽是心行處滅。心不著，故諸法不生，必離言說故。法華云：「諸法空爲座」是也。又云：「轉煩惱而爲菩提。」謂修諸功德，頓超諸有，識情垢淨，則無明斷盡，眞理自現。

圓覺經云：「無礙淸淨慧，皆從禪定生。」是知超凡入聖，必假淨緣，坐脫立亡，須憑定力。一生取辦，尙恐蹉跎，況乃遷延，將何敵業？智度論云：「見畫跏趺坐，魔王尙驚怖；何況入道人，端身不傾動？」又爲正觀五種因緣，故結跏趺坐。

一、由此晏坐，身心攝斂，速發輕安，最爲勝故。
二、由此晏坐，能生時久，不令身心，速疲極故。
三、由此晏坐，是不共法，他道他論，皆無有故。
四、由此晏坐，形相嚴淨，令他見已，極敬信故。
五、由此晏坐，佛佛弟子，共所聞喜，一切賢聖，所稱讚故。

睡眠

記 義如前釋，睡眠之時，合掌面向西觀，念佛十聲，或千百聲已，方誦此偈：

「以時寢息，當願衆生，身得安隱，心無亂動。」

記 經律通制出家弟子，初夜後夜，精勤佛道。中夜歇息，免致過勞之患。如日出而作，日入而息也。若宰予晝寢，非時也。釋子大事未明，所作未辦，馳求心未歇，非時也。亦有身安而心未安，亦曰非時。

寢息者，眠臥也。若大事已明，所作已辦，馳求已歇，身心俱安，故曰「安隱」，乃相應以時也。今世人但知「晝以日爲恩」，而不知「夜以月爲德」。月爲德者，如華嚴婆珊婆演底主夜神云：「一切衆生臨於昏夜，若無主夜神衞護，則爲野干、魍魅擾亂，不得安隱眠息。」以得夜神衞護之恩，能令衆生至於安隱不動之地，安息無夢之鄉。可見菩薩行、住、坐、臥，皆度脫衆生。故吾人眠臥之時，卽當發願度生也。

身得安隱，心無亂動者。心定，則身定。思多，則夢多，故曰「動亂」。謂：仗此法力，而得遠離顚倒夢想，寤寐一如也。當觀自心，如月輪圓滿淸淨，於月輪中，觀想梵書「阿」字，光明朗耀，此乃是西域字種。阿者，無生義，想諸行無常，終歸磨滅，能作所作，一切皆空。猶如夢幻，空無有生，便是安隱身心之大義也。

善見律云：「臨欲睡時，應先念佛、念法、念僧、念戒、念施、念無常，於六念中，一一念之。」

集 觀想卍字輪，一氣持二十一遍，然後臥。臥須右脇，名吉祥睡。不得仰臥，覆臥，及左脇臥。不得脫裏衣、小衣臥，當須憶念本參。

取水

記 除蓋障菩薩所問經云：「夫水之爲德，本體清淨，澄湛凝寂，尤能滋長萬物，滌除衆垢，炎熱遇之而清涼，枯竭飲之而沃潤。」取者，汲也。謂：汲溝、澗、河、池、井、潭等水也。須諦視有蟲無蟲，以密羅濾過方用。

緇門警訓云：「物雖輕小，所爲極大，出家慈濟，厥意在玆。」

會正記云：「出家人修慈爲本，慈能與樂，無殺爲先，物類雖微，保命無異。」

集 梵語鉢里薩羅伐拏，此云濾水羅。律中諸比丘聞佛制戒已，不知作濾水羅，佛聽如杓形。若三角，若作宏墩，若作濾瓶，若患蟲出，聽安沙在囊中，不應棄陸地，還安著水中。

會正記云：「若作囊，須用細熟絹爲上，若無細絹，細棉布亦可。」僧祇律云：「看水時，不應以天眼看，亦不得使闇眼人看，乃至能見掌中細文者得看。不得太速，不得太久，當如大象一迴頃。若水中蟲極微細者，不得就用洗手面，及大小行。」

緇門警訓云：「濾囊乃行慈之具，濟物之緣，大行由是而生，至道因玆而尅。」凡取水時，誦此諸佛德名偈呪，功德無涯，可謂眞持戒者。偈云：

「若見流水，當願衆生，得善意欲，洗除惑垢。」

記 眼根發識曰見，源頭活水曰流。然其性相不二，動靜一源。若無源之水不流，卽是死水。流得其源，則澄之不清，擾之不濁，而能旋香海，載須彌，恩沛三有，澤及萬靈，而不自伐爲功。僧得法源，則在塵不染，煩惱不侵，而能迴戒海，載涅槃，量同法界，等濟四生，亦無自強爲善。故三賢十聖，讚之不及，凡夫肉眼，誰能窺其大用？

今此偈文，全在發明見字。若見不徹，云何爲彼當願？云何爲彼滌惑耶？若見者，謂所見之水，情狀不一故。如人見之，清涼可悅。餓鬼見之，流變爲血。魚龍見之，謂是宮殿。溺者見之，謂是死窟。究竟水尙強名，何況有如上等見，皆是衆生業力所感。

故華嚴經云：「阿修羅宮雨刀杖，三十三天雨摩尼，而閻浮提中雨清水」是也。得善意欲者，謂願所求如我意也。非爲情欲之欲，若是情欲，卽是惑垢，便從煩惱堆中，擘不開也。欲者，是樂欲，卽從心所欲也。

成實論云：「心有所須，是名爲欲。欲爲法本，以欲求故，得一切法。」

毗尼母經云：「如佛翹勤不倦，故名求法根本。」又當作願字看，謂心中願樂洗除無始以來情欲之惑垢也。然惑垢，卽煩惱之別名，謂惑亂心田，生諸染垢。

上文是菩薩當願，意欲是衆生當願。其猶啐啄同時。若菩薩發願度衆生，而衆生不發願出離者，菩薩雖有願，亦無如之何也。

南無歡喜莊嚴王佛

記　南無，此云歸依。謂：起誠敬心，發救護力，望佛救護衆生也。如涅槃經云：「阿闍世王，雖有逆罪，應入地獄，以誠心向佛，其罪卽滅。」故云救護力。

歡喜莊嚴王者，謂此如來因中所修諸行，以歡喜心教化衆生，離諸嗔恚煩惱，故於果上感斯嘉號。佛者，覺義。謂：此覺體，聖凡同具，蠢動不無，背覺合塵，名爲顚倒。故須念佛，背塵合覺，號曰明悟。故須度生，迷悟性空，覺體常妙，無欠無餘，是名爲佛。

南無寶髻如來

記　寶髻者，亦名寶勝。謂：此如來智無與等，超出一切，最勝最尊，故加頂髻之喻。如來者，十號中之首稱也。離倒名如，出纏名來，衆生在纏之因，含攝出纏之果，故名如來。

金光明經云：「此佛往昔修菩薩行時，作是誓願，於十方世界，所有衆生，臨命終時，聞我名者，命終之後，得生三十三天。」故有是稱也。

南無無量勝王佛

記 無量勝王者，謂：此如來功德智慧，猶如虛空，甚深廣大，無量無邊，不可稱數，不可窮盡，故名無量勝王也。獨稱此三如來者，謂此三如來，於因地中，護生之念偏強，雖然佛佛以慈爲本，各有本願不同。如觀音聞聲救苦，地藏度盡衆生，彌陀接引往生者也。

今稱此三如來者，以望隨緣赴感，救護衆生也。故比丘住處，有泉池所，用木牌寫三佛號，豎置水中，以便用也。並念呪云：

唵．縛悉波羅摩尼莎訶（佛號，及呪，皆三遍）

「若見大河，當願衆生，得預法流，入佛智海。」

記 極目無涯曰大，流通地脈曰河。西域有五大河，謂：殑伽河、琰母河、薩羅喻河、阿布羅伐底河、莫熙河也。此方禹疏九河，而注諸海。謂：徒駭河、太史河、馬頰河、覆釜河、胡蘇河、簡河、鉤盤河、潔河、鬲津河也。今持此偈，不惟大河，但見入海之河，卽當發願也。

得預法流，入佛智海者。謂：修道之人，斷妄證眞，有少分相應。若約位分，正當初信地也。故云「得預法流」。

楞嚴經云：「欲習初乾，未與如來，法流水接，名乾慧地。」佛智者，不可以智知，不可以識識。「縱是舍利弗，智慧中第一；盡思共度量，不能測佛智。」故云「如海」。今見大河，當願一切衆生，得預法流不退，而直入如來妙覺果海也。偈云：

「若見橋道，當願衆生，廣度一切，猶如橋樑。」

記　以此接彼曰橋，往來經過曰道，乃河澗水中之梁也。竹木磚石皆可爲之，如或見者，卽當發願度生，以暢菩薩利濟有情之本懷，卽「衆生無邊誓願度」也。然橋梁有限，誓願無邊，故云「廣度一切」。接引衆生，無有疲厭，故云「猶如橋梁」也。

浴佛

記　以香湯灌佛形像，曰浴。經云：「佛告天下人民，十方諸佛，皆用四月八日夜半時生。其去家學道，及得佛道，乃至般泥洹時，皆用四月八日。」所以在此時者，爲春夏之際，殃罪悉畢，萬物普生，毒氣未行，不寒不熱，時氣和適。故諸天下人民，共念佛功德，浴佛形像，如佛在時，以示天下人。

今日諸賢，誰有好心，念釋迦佛恩德者，以香花淨水，浴佛形像，求第一福，諸天鬼神，所證明知。

大慈禪師云：「今朝正是四月八，淨飯王宮生悉達，九龍吐水天色昏，一步九蓮從地發。」其浴佛禮儀，如彼經說。念偈云：

「我今灌浴諸如來，淨智莊嚴功德海；五濁衆生離塵垢，同證如來淨法身。」（長老作梵，舉第一句，大衆齊聲，同音和之，下三句同）

記 普曜經云：「菩薩生時，九龍在空，降微細雨，不冷不熱，浴菩薩身。」我今者，指浴佛之時。言今而稽古，所以遵佛佛灌頂之浴式也。今以香湯而沐金軀，表清淨心供養故。如來法身皆同，言浴釋迦佛像，卽浴十方諸佛形像，故曰「我今灌浴諸如來」。如來十號具足，福慧莊嚴，皆是無量劫來，戒德之所薰修，故感清淨智慧聚集。今見像教之法，儼然三世一時，光潔嚴好，世間無比，故曰「淨智莊嚴功德海」也。法苑珠林云：

「五濁者：

一、衆生濁。謂：衆生多諸弊惡，不孝父母，不敬尊長，不畏惡業果報，不作功德，不修齋法故。

二、見濁。謂：正法已滅，邪法轉生，邪見增盛，不修善道故。

三、煩惱濁。謂：衆生多諸愛欲，慳今鬭諍，諂曲虛誑，攝受邪法，惱亂心神故。

四、命濁。謂：往古世時，人壽八萬四千歲，今時人壽轉減，百歲者稀，以惡業增故，壽數短促也。

五、劫濁。具云劫波，華言分別時節。謂：減劫中，人壽至三十歲時，飢饉災起。至二十歲時，疾疫災起。減與十歲時，刀兵災起，世界衆生，無不被害故。」

然衆生本源與諸佛本源，無二無別，只因一念妄動，故有五濁境界、諸佛境界也。卽今以香湯灌沐佛身，亦復能令衆生，滌除五濁之垢，而直顯心、佛、衆生，三無差別，故曰：「五濁衆生離塵垢，同證如來淨法身」也。

讚佛

「讚佛相好，當願衆生，成就佛身，證無相法。」

唵．牟尼牟尼，三牟尼，薩縛賀（三遍，此是七佛滅罪眞言）

記　讚者，稱頌其身法也。謂：灌沐如來形像已，復應誦此偈呪以讚之，如來衆德悉備，行果極圓，讚不能盡。但非此，無以表其信敬，故不論範金合土，紙素丹青，如一見時，卽持偈呪，稱揚禮敬。雖是凡夫心量，三業虔誠，印同菩薩道行也。念偈呪云：

記　合參云：「如來德相嚴好，讚不可盡！假使以虛空爲口，須彌爲筆，香海爲墨，大地爲紙，略舉如來三十二相中之一相，八十種好中之一好，讚之經劫，所不能盡。況以父母所生之口，兼以三寸之舌，乃欲全舉如來萬德相好，而以是句非句，所能讚之哉?!故發是願，願與當來大心衆生，不離衆生之口，而成佛口。不離衆生之身，而成佛身。何以故?以讚佛故，而成佛口。成佛口故，卽成佛身。成佛身故，證無相法。證無相法故，是名眞讚。」

宗鏡錄云：「心無形相，故號無相。若於一切相，見無相之理，卽惟心如來。若見無相，諸相亦無，惟是覺體，名見如來。」由是則知佛身無相。

涅槃經云：「若人聞說大般涅槃，一句一字，不作字相，不作句相，不作聞相，不作佛相，不作說相，如是義者，名無相相。」

今此一願，意欲人人當來成就此身，得證如來無上殊勝法身。然此法身，無有相故，雖云有體，亦無能見頂者。如華嚴會上，佛現千丈盧舍那身，演說一乘圓頓大法，九地菩薩，不能見如來肉髻頂中之相好也。

繞塔

記 繞者，周旋之義。塔者，一切諸佛舍利之宮殿也。梵語舍利，此云骨身，恐濫凡夫死人之骨故。西域以合掌旋繞爲恭，此方以禮拜讚德爲敬。梵語制底，亦云窣堵波，或名浮圖，此云塔。有舍利名塔，無舍利名支提，翻爲生善滅惡處，或名高顯處。謂：顯揚如來功德之標幟也。亦翻爲方墳圓塚，此云可供養處。言寶塔之所在，卽同諸佛法身之所在，應當恭敬供養也。西域記云：「西天隨所宗事，禮後皆須旋繞。」蓋歸敬之至也。但不得無故登塔。古德偈云：

「無事莫登三寶殿，等閒休向塔中行；若非掃地添香水，總有輪王福也傾。」

集 僧祇律云：「禮佛不得如瘂羊。」又禮佛塔，應當右旋，如日月星繞須彌山，不得左旋。旋繞有五事：一、低頭視地。二、不得踏蟲。三、不得左右顧視。四、不得唾地。五、不得與人語。又得五福：一、後世得端正好色。二、得好音聲。三、得生天上。四、生王侯家。五、得泥洹道。

記 提謂經中問云：「散花、燒香、燃燈、禮拜，是爲供養。旋繞得何等福？」佛言：『有五種福。』」如上是也。念偈咒云：

「右繞於塔，當願衆生，所行無逆，成一切智。」

南無三滿多，沒馱喃，唵．杜波杜波，娑婆訶。（三遍）

記　右繞者，薩婆多論云：「表誠敬之至也。」佛法無他，虔敬爲本。西土則肉袒露足而爲恭，此土則巾履備整而爲敬，彼則拜少而遶多，此則拜多而遶少。凡事誠順，則一切智，無不誠順。是故當於右遶處，而發是願，令一切智自悟。自悟無他，惟行無逆，無逆之旨，佛佛承順理故。是以右爲吉，左爲凶，右爲順，左爲逆。如左遶者，密跡力士見，卽欲以金剛杵擊碎其身。佛世世以來，常順三寶、父母、師長，一切教誡，無違無逆。今得果報，無有逆者。

又佛身清淨，衆生於中，各見所事，或天或神，莫不見者，是故畏敬，右遶而去。汝今何得逆之？本行經云：「卽世尊降生，周行七步，亦自南至西」也。如遶時，入門先緣左足，從佛右邊而上，之後，之左，而前，三匝已，讚禮而去。如是事順理順，心誠法成，則與諸佛，不相違背，卽達中道之義。故云「所行無逆，成一切智」也。

看病

集　瞻視曰看，疾苦曰病，身爲苦本，有形難免。出家人割愛辭親，十方雲聚，應當痛癢相關，互爲瞻視，所以八福田中，悲田第一。若見病者，當起慈心，始終照看，毋違佛意。

集　律制具五德者，方聽看病：

一、知病人可食不可食，可食應與。
二、不惡賤病人大小便涕吐。
三、有慈愍心，不爲衣食。
四、能經理湯藥，乃至瘥、若死。
五、能爲病者說法，己身於善法增益。雖不久看病苦，但一見時，卽謂此偈呪，以八福田中，看病是第一福田。

記 八福田者，謂：佛、聖人、僧三種，名敬田。和尚、阿闍黎，生我法身；父、母生我色身，此四名恩田。救濟病人名病田，亦名悲田。此八種皆堪種福，故名田也。若人能盡力從事此八種者，亦猶農之力田，則獲秋成之利也。

一、佛田。謂：覺道俱圓，位登極果，恭敬供養，罪滅福生，故名佛田。
二、聖人田。謂：菩薩、緣覺、聲聞者登覺岸，果證無生，恭敬供養，卽獲勝福，故名聖人田。
三、僧田。謂：處衆和同，敬順無諍，恭敬供養，卽獲福利，故名僧田。
四、和尚田。此云力生。謂：力能生長法身，養智慧命，恭敬供養，卽獲福利，故名和尚田。
五、闍黎田。此云軌範，亦云正行。謂：羯磨教授等五種，軌範後學，糾正修行，恭敬供養，即獲福利，故名闍黎田。

六、父田。謂：資形撫敎，養育劬勞，恭敬供養，雖無求福之念，竭力盡心，自然獲福，故名父田。

七、母田。謂：懷躭乳哺，恩重山丘，固當竭力奉養，豈有求福之心？而盡心孝敬，自然獲福，故名母田。

八、病田。謂：見人有病，卽當念其苦楚，用心救療給與湯藥，則能獲福，故名病田。

如上七種，皆不及病田勝者，如來憐愍病苦故。念偈咒云：

「見疾病人，當願衆生，知身空寂，離乖諍法。」

唵．室哩多，室哩多，軍吒利，莎縛賀。（三遍，此是消萬病咒）

記 急患爲疾，疾甚爲病，乃愁痛之際，皆因四大不調之所致也。僧祇律云：「人身假地、水、火、風，和合而成四大。」地大者，皮毛骨肉也。水大者，精液涕唾也。火大者，周身煖氣也。風大者，運轉動搖也。於中一大不調，則生百一種病。然病有兩種，一、身病。草根樹皮，可以療治。二、心病。非法藥不能救治。是以大小乘戒，嚴制看病。故如來諄囑云：「若有供養我者，供養病人，及說看病有五種功德。」

故菩薩見一切病人，作自己病想，不但以草根樹皮之藥療治，兼以柔軟之語，安慰其心，則身心二病，皆可愈矣。然衆生情見各執，其病不等，故菩薩應病發藥，斷其病苦也。知身空寂，離乖諍法者，不和爲諍，便爲對病之方也。由其空觀現前，了知此身，如幻如化，故於一切境無所著，於自性離我所。作是觀時，則知此身，悉皆空寂。華嚴疏云：「四大乖違成病，知空，則永無所乖。」故云：「離乖諍法」也。

大凡見疾病人，不惟持此偈呪，各宜猛省自己，生死交臂，貴賤如塵，何得惜之？既知幻身非久，應當增起念頭，努力爲道。

剃髮

記 削除鬚髮曰剃。髮者，從耳以上之通稱。亦云薙髮，亦云落髮。在石頭度丹霞，則云剗佛殿前草。

集 文殊菩薩所集剃髮日，初四、初六、初七、初八、初九、初十、十一、十四、十五、十六、十九、二十二、二十三、二十四、二十五、二十六、二十九，默誦此偈呪云：

「剃除鬚髮，當願衆生，遠離煩惱，究竟寂滅。」

唵．悉殿都，漫多囉，跋陀耶，娑婆訶。（三遍）

記 剃除者，身心俱離故。口下爲鬚，口上爲髭，兩頰爲髯。今但稱鬚髮者，擧此以該餘也。佛制出家人，不許畜鬚髮，養頭陀，所以別僧俗之相。如僧相不成，還同俗漢。但形同俗相，易爲獲罪，既不能行，受復何益?故須剃也。若能如是遵行，則煩惱可除，道果可期。然僧俗既別，而所行自不同於流俗也。故當願與一切薙鬚髮者，同願同行，遠離煩惱，至究竟寂滅也。

又當願者，不但剃除一鬚一髮之煩惱，當願無始以來，六根六塵，如山如海之煩惱，直向智慧刀下，盡情斷除，故曰寂滅。又遠離煩惱者，謂修道之士，乃離塵脫俗之侶，願要斷三界之結使，離生死之愛纏，希求菩提極果，志趣涅槃之樂也。

沐浴

記 洗濯曰沐浴，謂濯身洗垢也。半月一浴，濯其色身，堪以載道；半月布薩，沐其戒身，定慧發生。故譬喻經云：「佛以臘月八日，神通說法，降伏六師，度諸外道。外道感恩，白佛言：『佛以法水洗我心垢，我今請僧洗浴，以除其身垢。』」臘月八日，浴僧准此。

集 律制比丘，半月一浴，不得過，除病時、熱時、作時、風時、雨時、道行時，不論。又則沐浴，當擇其日，所忌者六齋日，斯日諸天下界，察其善惡，宜修善作好事。所謂六齋日者，每月初八、十四、十五、二十三、二十九、三十日。

記 六齋日者，毗婆沙論云：「每月初八日、二十三日，帝釋勅四天王各治一方，四王遣輔臣觀察世間人民善惡。每月十四、二十九日，四王遣太子按行天下，伺察人民善惡。每月十五日、三十日，四天王親自按行天下，有慈孝父母，恭敬三寶，及尊長者，有修行六度，持八戒齋者，便上忉利，以啓帝釋。諸天相慶，而言減損阿修羅，增廣諸天衆，則降善福，注祿增算。如不修善持齋，唯造惡業者，諸天憂患，而言阿修羅種多，諸天種減少，降以不祥，減祿除算。故此六日，宜作諸善業，不應洗浴也。

集 凡入浴，當將淨衣掛淨竿上，觸衣掛觸竿上，不得浴堂小遺，不得共人語笑，不得洗僻處。凡有瘡癬，宜在後浴，或有可畏瘡，猶宜迴避，免刺人眼。默念此偈呪云：

「洗浴身體，當願衆生，身心無垢，內外光潔。」

唵．跋折囉惱，迦吒，莎訶。(三遍，此是淨身呪)

記 四大共成曰身，形相所現曰體。身者，我也。謂：以水濯我身也。欲以水洗者，以其身有垢故。

溫室洗浴衆僧經云：「有耆域醫王，願請佛，及菩薩、僧，入溫室洗浴。佛讚善哉！佛言：『耆域洗浴之法，當用七物，除去七病，得七福報。』」

「何謂七物？一、燃火。二、淨水。三、澡豆。四、酥膏。五、淳灰。六、楊枝。七、內衣。」

「何謂除七病？一、四大安隱。二、除風。三、除濕痺。四、除寒。五、除熱。六、除垢。七、身輕明目。」

「何謂七福？一、所生無病。二、相貌端嚴。三、身香離垢。四、肌澤光鮮。五、多諸侍從。六、口齒香潔。七、衣服自然。」是爲七福。

有此利益，是故如來聽僧洗浴也。

身心無垢者，謂入浴之時，了知身心本無塵垢，忽悟觸因，謂水因爲所觸之因，塵體乃能觸之緣。心本無生，垢從何有？塵本無染，體亦常淨，能所如幻，二邊俱空，中間覺解之性，安然光潔矣。故楞嚴會上，跋陀尊者，忽悟水因，既不洗塵，亦不洗體，中間安然，得無所有。果能如是體會，則內外光潔矣。

福田經云：「有此丘名阿難，白佛：『我念宿命，生羅閱祇國，爲庶民。時生惡瘡，治之不瘥，有曰：當浴衆僧，其水洗瘡可瘉。我卽到寺，設浴供僧，如法洗瘡，乃瘉。從此所生端正，金光晃昱，九十一劫，常得淨福。』」

賢愚經云：「首陀會天，下閻浮提，請佛及僧洗浴，設甘美之食。阿難白佛：『此天往昔作何功德，相好奇特？』佛言：『昔毗婆尸佛時，彼爲貧家子，恒傭作自給，聞佛說洗僧之德，乃勤施少錢，辦洗具，幷設食請佛僧，由此生首陀會天。此光相七佛以來，千佛出世，亦皆如是，故號淨身，十號具足也。』」

洗　足

記　身分最下曰足。西域比丘，出門多跣足，是故凡至僧伽藍，必先洗足，方可入寺禮敬也。念偈咒云：

「若洗足時，當願衆生，具足神力，所行無礙。」

唵．藍莎訶（三遍）

記　足者，止也。謂：身分到此止故。具足者，圓滿義。神力者，神通道力也。謂智澄神境故，亦名如意通。謂身如其意，欲往卽到故。所行無礙者，正顯神力之妙用也。當知菩薩修道，不出行解二門。若但解無行，猶弗解也。若但行無解，猶弗行也。行解雙兼，滿足六度，則神力無不具足，所行無障礙矣。是故行一波羅蜜，具足無量波羅蜜，無量波羅蜜，不出此一波羅蜜，故曰「所行無礙」也。

沙彌十戒相

記 如律所明，沙彌者：出家之小衆，比丘稱爲大僧，對大而言，故名曰小。未剃髮時，名爲淨人，捨離恩愛，投師出家，名爲沙彌。剃度之法，如剃度正範中明，鬚髮旣除，故受稱也。

十戒者，始從不殺，乃至不持寶物是也。以此十法，能止形上諸惡，故名曰戒。觸境逢緣，守持不犯，故名曰相。

薩婆多論云：「受持禁戒爲其性，搭衣持鉢表其相。相從性發，性依相修，性相交成，故名爲體。是沙彌本所受持，爲比丘戒之階梯，菩薩戒之根本，故曰沙彌十戒相」也。

集 沙彌有二種：一、形同沙彌。二、法同沙彌。若但剃度，未沾戒品，名曰形同沙彌。

謂：衣鉢不具，律儀不知，其形相雖同，由無戒攝，非五衆數故。

若受十支淨戒，名曰法同沙彌。

謂：衣鉢具足，同學律儀，精持淨戒故。律云：「沙彌有四應知：一、知佛。二、知法。三、知僧。四、知戒。沙彌知和尚有五：一、知名字。二、知相貌。三、知世壽。四、知法臘。五、知種旅也。」

法同中，又分三種：自七歲至十三歲，號驅烏沙彌。

增註云：謂其年幼未堪別務，惟令爲僧守護穀麥，及於食厨、坐禪等處，驅遣烏鳥，以代片勞，兼生福善，無致坐消信施，虛度光陰也。從行彰名，故云驅烏也。

律云：有長老攜兒出家，同入村中乞食，世人譏言，沙門有兒，何知正法？佛制以後，非年十二者，不得出家。復次阿難，有檀越合家疫病，兒皆盡死，惟有一子，恒在市上拾粒自活。阿難行過，兒隨後喚公公！阿難不聞，遂去。居士譏言：「沙門釋子，他有足時，強親如父如子，今見衰喪，而不顧錄。」小兒追呼不已，阿難顧視識之，呼言：「子來！隨入祇桓，向禮佛足。」佛問：「阿難！如何不度？」答言：「佛制不得度年減十二者，是以不度。」佛言：「此小兒，能驅食上烏否？能持戒否？能一食否？若能如是，聽度出家。」凡欲剃度者，不可說出家樂，當告其苦。

五分云：若度人時，應先問爲何等出家？若言爲衣食故，不得度。若言爲求善法，厭生、老、病、死、憂悲、苦惱，應度。驅烏沙彌，准病比丘殘食，衆鳥啄食，沙彌能驅烏，得少分利，以消信施故。阿難言：「此小兒者，能驅烏，能持戒，能一食。」佛告阿難：「若小兒盡能爾者，聽令出家，如度羅睺羅法。」故有驅烏一種也。

十四至十九，號應法沙彌。

謂：已受佛戒，其年正與二法相應。一、能事師，執勞服役。二、能修習禪誦故，此與前法是一，不者，卽入下名字類中矣。

二十以上，號名字沙彌。

謂：年滿二十，應受具戒，或根性暗鈍，或出家年晚，不能頓持諸戒，如是因緣未至，位是沙彌，故云名字沙彌。品類雖三，而俱稟十戒，總名爲法同沙彌也。二十以上，七十以下，有所堪能，是丈夫位，得與出家受具。若過若減，縱有所堪，及是應法，而無堪者，並不得與出家受具。若果能畏生死苦，愛涅槃樂，願爲佛子，坐臥不須人者聽。若能誦經、坐禪，進善業，堪任勞役，並聽出家。

故僧祇律云：「若年七歲解知好惡，得與出家。若過七十，臥起需人，不要度也。若先與出家，不應驅出。」

附錄一：戒相

沙彌及尼——十戒

一曰、不殺生。

記 斷命曰殺，有情曰生。謂既受戒已，常念有情，皆惜身命，如己無異，應當憐愍，愼弗傷害故。

二曰、不盜。

記 對面強刼曰盜，謂物各有主，主所守護，受戒之人，雖一針一艸，苟非我之所有，不與不取故。

三曰、不婬。

記 婬者，不淨行也。謂受戒之人，觀一切男女，如父如母，淸淨自守，無染汙心，修不淨觀，對治三業故。

四曰、不妄語。

記　妄語者，違心故說也。謂受戒之人，出言誠實，無虛妄心，修戒定慧，對治口過，遠離惡口，利益衆生。出世法中，忍辱第一，慈悲一切，不惱他人，常行正語，順聖言故。

五曰、不飲酒。

記　酒者，禍泉也。謂能昏神亂性，增長愚痴，開惡道門，閉涅槃路，故名曰酒。此屬半性半遮，能犯前之四戒，故屬於性。王法之所不禁，又屬於遮。乃是障道因緣，造業根本，過重五逆，毒逾酖砒，受戒之人畏如烊銅，不以一滴霑唇故。

六曰、不著香華鬘，不香塗身。

記　不著不塗者，遠離香觸二塵也。草木之葩，名之爲花，以此貫串嚴首，名之曰鬘。艸木之氣，芬芳一切，故名曰香。能換人之心目，生長嬌恣，著則視爲女子，塗則還仝俗人。持戒離染，向淸淨道，發智慧花，生戒定香，普薰法界，莊嚴無相之身。令愛見斷除，永無貪染，依正莊嚴，自然具足故。

七曰、不歌舞倡伎，及故往觀聽。

記 不歌舞者，離身口二過也。不觀聽者，無色聲二塵也。口詠詩詞曲令，長引其聲曰歌，手足變弄曰舞。歌有不足則舞以盡，舞有不足，則歌以盡，歌之舞之，盡善盡美矣。

倡伎者，音樂之總名也。觀是色塵，聽是聲塵。不往者，眼耳無過，無心而遇，佛不結罪。但不得住，住便成犯，有心故往，步步招愆。學道之人，大事未明，如喪考妣，觀戲笑如哭，歌舞如狂，有眼若盲，有耳若聾。以定慧成於中，禮誦行於外，形同枯木，心若死灰。如是行持，則三業自淨矣。

八曰、不坐高廣大床。

記 不坐者，身離觸塵也。高廣者，量違聖制故。可坐可臥，名之曰床。既高且廣，故稱云大。受戒之人，不應坐臥，宜當捨去飾好，遠離貪著，以法空爲座，忍辱爲衣，秪在道高，不在床高故。

九曰、不非時食。

記 不非時食者，舌根離過中之味塵也。補氣益飢名之爲食，日中已過，明相未出，故曰非時。受戒之人，食噉不得故。

十日、不捉持生像金銀寶物。

記 不捉生像者，身離利欲也。金是通稱，銀從色別，寶物通稱，隨式名異，皆爲養命之源，衆生見便貪著。出家修解脫道，清淨身心，一經觸犯，便非梵行，故佛禁之，不得捉也。

作持云：此沙彌十支禁戒，前四是性罪，根本若犯，則應滅擯，不得與清淨沙彌同法事，及共止宿。亦不得如餘沙彌得與大比丘過二宿。後六是遮罪，有犯容懺，心度故悞，罪結重輕，唯一突吉羅治。要知文義，當閱雲棲要略。欲明開遮，應學隨律威儀。

沙彌應具五德

記 應者，當也。既受戒已，應當植種德本，爲世福田。五者，數之序也。一、從發心出家，乃至五、志求大乘，無有乏少，故名曰具。爲修道之本，故名曰德。德本既立，其道自生，方不虛消信施，故曰沙彌應具五德也。此下懷佩道等五句，乃是承上文而言也。

應知十數

記 明了曰知，法目曰數。由衆生迷眞逐妄，故如來施法隨機，對數卽顯。令受戒者，覺察修持，攝歸正業，故曰應知十數。餘可知矣。

諸德福田經云：「沙彌應知五德。」

一者、發心出家，懷佩道故。

記 生長善法曰田，種之得益曰福，貫串攝持名經，分剖其義曰云。此經乃是帝釋當機請說。一者、發心出家。心者，中也。謂：在善惡之中，故曰中也。向善則超凡入聖，向惡則報感三塗。惟心本具故，起念曰發，有能所之別。謂起能發之心，値所發之緣，志求淨戒，習佛菩提。懷者，思念。佩者，帶而不忘。謂：既受戒已，要時時刻刻思念，涅槃妙道，帶而不忘，而爲人世福田，是爲第一種淨德。

二者、毀其形好，應法服故。

記 毀者，改也。剃除鬚髮，改其俗形，衣染壞色，毀其飾好。故梵網經云：「所著袈裟，皆使壞色，與道相應，不爾增貪，於道有違」矣。然僧相既成，應當違俗慕道，心懷戒寶珍重守持，身搭袈裟必須壞色，爲世福田，是爲第二種淨德。

三者、割愛辭親，無適莫故。

記 割愛者，難捨能捨也。謂：愛見爲本，最難斷除，是故言割。辭親者，拜別也。律中父母聽允，方許出家。適者，專主也。莫者，不肯也。謂：既受戒已，又不可去專主俗緣，經理世事，此恐身雖出家，心不染道。應當絕塵離俗，世染情忘，無寃無親，平等一化，爲世福田，是爲第三種淨德。

四者、委棄身命，遵崇道故。

記 委棄者，捨置義。人之最重，莫過身命。遵者，勤也。崇者，修也。今爲勤修聖道，而捨置此身，表求法之心至極也。故法華經云：「爲求無上道，捨所愛之身。」然世間最苦，皆因有身，莫要愛戀此身，令一生空過，道業無成。既出家已，應當勤求佛道，爲世福田，是爲第四種淨德。

五者、志求大乘，爲度人故。

記 心之所向曰志。大乘者，佛乘也。化導一切曰度。謂既發向上之心，當行向上之事，上求佛道，下化衆生，智悲雙運，爲世福田。是爲第五種淨德。故律云：「毀形守志節，割愛辭所親；出家弘聖道，誓度一切人。」

緇門警訓云：「此之五德，出家大要，五衆齊奉。不惟小衆，終身行之，卽大比丘，亦須時時龜鏡，爲良爲美，無旱無衰，供之得福，難爲喻矣。」

僧祇律云：「應爲沙彌說十數。」

一者、一切衆生皆依飲食。

記　一切衆生者，指九法界而言，卽等覺菩薩，生相無明未盡，猶衆生所攝。皆依飲食者，謂欲資益諸根長養善法故。然有聖凡之別，無漏名聖，有漏名凡。聖食者，謂禪悅，及法喜也。諸佛、菩薩、聲聞、緣覺，皆所依故。凡食者，謂段、觸、思、識也。天、人、修羅、地獄、餓鬼、畜生，皆所依故。若約三界分別者，欲界具四，段食爲主。色界有三，觸食爲主。下三無色，思食爲主。非非想處，識食爲主。故云：「一切衆生，皆依飲食」也。廣如婆沙論明。

宣祖云：「數中各有對治，顯正之義。」此中對治義者，如大涅槃經云：「觀一切衆生，爲飲食故，身心受苦，我當云何，於是食中，而生貪著？若貪此食，增長生死，當修食不淨觀，以爲對治。」顯正義者，我今修道，爲令厭離四種凡食，成就二種聖食故。

二者、名色。

記　名者，受、想、行、識也，卽是見分。色者，根、身、器界也，卽是相分。以名爲心，以色爲境，名色收歸，一切法也。故智度論云：「一切諸法中，但有名與色，更無有一法，出於名色者。」故云「名色」也。對治義者，一切衆生，見有種種法故，計我我所，而生妄執，如來爲說惟有名色二法故。顯正義者，爲欲令知名色皆空，得第一義中，離名絕相故。

三者、知三受。

記 受者，領納義。一、苦受，領納違情境而生故。二、樂受，領納順情境而生故。三、不苦不樂受，領納中庸境而生故。復有內外之別，意根名內受，五根名外受，六根名內外受，各有三種。當知觀受是苦，故云「知三受」也。對治義者，衆生於三界苦中，妄生樂想，如來爲說三受，皆是苦也。顯正義者，不受諸受，名爲正受故。

四者、四諦。

記 諦者，審實也。謂：審實苦、集、滅、道四法，一一不虛，故名爲諦。

一、苦諦。苦，卽逼迫義，有三苦、八苦，總而言之，不出三界生死。聲聞人諦審生死實苦，故名苦諦。

二、集諦。集，卽招感義。聲聞人諦審煩惱惑業，實能招集生死之苦，故名集諦。

三、滅諦。滅卽寂滅。聲聞人旣厭生死之苦，諦審涅槃，實爲寂滅之樂，故名滅諦。

四、道諦。道，卽能通義。聲聞人諦審戒定慧道。實能通至涅槃，故名道諦。前二諦，是世間因果。苦是果，集是因。後二諦，是出世間因果，滅是果，道是因。先言果，而後言因者，令知苦斷集，慕滅修道，故云「四諦」也。對治義者，苦集爲所治，道滅爲能治也。顯正義者，見四眞諦，免流轉三界故。

五者、五陰。

記 陰者，蓋覆義，亦名爲蘊。蘊者，積聚義，卽我人身心之異名也。開名爲四，對色爲五。一、色蘊，質礙義。二、受蘊，領納義。三、想蘊，思念義。四、行蘊，不住義。五、識蘊，了別義。然此五法，本無實體，衆生妄執有我，所以如來爲說皆空，故云「五陰」也。對治義者，爲迷心重者，故說五陰。顯正義者，令破五蘊，證得五分法身故。

六者、六入。

記 入者，趣入義。六根爲六識所依，能入於塵。故經云：「內六根，外六塵，中六識，爲生死根本。」佛言：「根塵一一捨去，則三界無所繫縛」矣。涅槃經中，稱此六根，名爲六賊，以能刼奪善法，故云六入也。對治義者，爲迷色重者，故說六入。顯正義者，令根境解脫，證妙常故。

七者、七覺意。

記 七覺意者，分別道用之法也。亦名覺支，亦名覺分。謂此七法之意，各有支派分齊不亂故。法界次第云：「無學實覺，七事能到。」覺者，察也。謂覺察所修之法，是眞是僞故，其擇法、精進、喜三覺意屬慧，除、捨、定三覺意屬定，念覺意兼屬定慧兩種。若心昏沉，念用擇法、精進、喜起之。若心浮動，念用除覺，除身口之粗，以捨覺，捨於觀智，以定心入禪，令不浮動，是名念覺意，故云七覺意也。對治義者，令離沉掉故，爲說七覺意。顯正義者，令修七覺意，能使定慧均平故。

八者、八正道。

記 此八法不依偏邪而行，故名曰正。引諸不善，而至於善，故名曰道。如華嚴經云：「一、行正見道，邪見不生故。二、起正思惟，捨妄分別故。三、常行正語，順聖言故。四、恒修正業，教化衆生故。五、安住正命，行四聖種故。六、起正精進，不行無益苦行故。七、心常正念，遠離諸妄分別故。八、心常正定，入不思議解脫門故。」是爲八正道也。對治義者，爲離八偏邪，故說八正道。顯正義者，修八正道，開三解脫門，趣入涅槃故。

九者、九衆生居。

記　九衆生居者，謂十法界，除佛所居故。衆生者，是正報。居，卽處也，是依報。謂：一切衆生，隨善惡正報業身，各有所居依報之處故。大論云：「衆生九道中授記。」所謂三乘道，六趣道，是知九道，卽九界也。授記作佛，十界明矣。若依六道衆生，且約三界九地而言，謂欲界一地，色界四地，無色四地，名衆生居故。對治義者，令離樂著故，爲說九衆生居也。顯正義者，衆生若能同如來行願，不離當處，則超入佛界矣。

十者、十一切入。

記　十一切入者，卽十徧處定也。謂：靑、黃、赤、白、地、水、火、風八種色。空、識兩種心，更相涉入，廣普偏滿，轉變無礙故。智度論云：「八背捨是初行，八勝處是中行，十一切處是後行。此三種觀，具足禪體，始得成就。」此定謂之徧一切處者，從初觀境徧滿，以得名也。一、靑徧一切處定，謂於定中，還取八背捨，八勝處中，所見靑色，使徧一切處皆靑，故名「靑徧一切處定」。其黃、赤、白、地、水、火、風、空、識，九徧一切處定，亦復如是，故名「十一切入」也。對治義者，謂定中色心不得普徧，故說十一切入也。顯正義者，修此觀法，謂欲成就一切佛法，摧伏天魔，破諸外道，度脫衆生故，當知卽是摩訶衍義。略明十數已竟，廣如次第禪門。

沙彌尼十戒相（同上）

式叉摩那戒相

集 梵語式叉摩那，此云學戒女。佛聽十歲曾嫁，及十八童女，與二歲學戒，以淨身，與六法，以淨心。於尼僧中集衆，白四羯磨，與滿十二，及滿二十，方受具戒。若學年未滿，六法不淨，不與受比丘尼具足戒。

記 學戒女者，謂從師稟受戒法，一一依行也。女者，未嫁之稱。母者，有子之號。僧祇律云：「不得自己閱律。師應告言：某應作，某不應作，不得向說篇聚罪名。」佛言：「此學法女，具學三法。」

一、學根本，卽四重是。

二、學六法。謂：染心相觸、盜減五錢、斷畜生命、小妄語、非時食、飲酒也。

三、學行法。謂：大尼諸戒，及威儀，並制學之。若犯根本戒者，應滅擯。若缺學法者，更與二年羯磨。若違行法，直犯佛教，卽須懺悔。不壞本所學六法，如法行已，年限滿足，二部受具也。

十歲曾嫁者：或云如此方養媳，或云西域風土不同，有十年卽長成如十五、六歲者，卽十歲嫁，此亦不過偶有，非謂一槩而言。十歲既成大人相狀，故佛制二歲學戒，十二受具。一遵佛制，二除衆疑，餘者不得。末法時中，定須年滿二十。

一曰、不婬。

記 不婬者，潔身慕道也。式叉摩那，身不犯婬，口不說婬，心不存欲，及不染心相著，觀心如幻，四大本空，惟道是重，故曰不婬。

二曰、不盜。

記 不盜者，自他清淨也。式叉摩那，不盜他物，不竊他財。艸葉毛米，不與不取，亦不教他，乃至斫、壞、燒、埋，皆不爲作。一切財物，無貪戀心，故曰不盜。

三曰、不殺。

記 不殺者，慈心一切也。式叉摩那，不自手斷人命，亦不教他人。不與非藥，乃至墮胎，壓禱呪術，皆不爲作。亦不以刀杖加害，讚歎其死。慈念羣生，猶如赤子，故曰不殺。

四曰、不妄語。

記 不妄語者，出言誠實也。式叉摩那，不自稱言，得上人法、禪定、解脫、證了聖果，天龍鬼神，來供養我。不兩舌惡罵，自呪呪他。亦不說人長短好惡，不論俗語，不談世事，乃至搬弄是非，皆不爲作。言常說實，讚歎三寶，護身口意，不惱他人，故曰不妄語。

五曰、不非時食。

記 不非時食者，守持禁戒也。式叉摩那，常思禪悅、法喜，以爲飲食。食不失度，以時而受。若過中者，便不復啖，雖有甘美，無極上味，終不復飡。亦不教人，食過中食。假使國王供來，終死不犯。故曰不非時食也。

六日、不飲酒

記 不飲酒者，增長智慧也。式叉摩那，自不飲酒，亦不飲人。不止酒舍，不觸禍泉，色香美味，皆不貪飲。離愚痴垢，淸淨戒體，乃至喪身失命，皆不違犯，故曰不飲酒。

集 律制式叉摩那、沙彌、沙彌尼，此下三衆應持上下二衣，一當安陀會，一當鬱多羅僧，乃是縵衣，非割截田相衣也。所持鉢盂，是銅器，非應量鉢多羅也。今本山凡是十八歲以下至七歲，欲受沙彌戒者，如律令造一頂縵衣行持。若是年滿二十來乞受具足戒者，其所辦三衣皆是割截田相，及應量器。雖無縵衣，亦方便許受沙彌十戒，著用行持。一則受具不遠，莫過以沙彌戒，爲比丘戒之基本故。二則衣具難得，欲令求覓縵衣，及成戒障因緣故。又則舊本中，將比丘五篇戒相，開列沙彌戒相後。今則削去不存，附兩乘布薩正範後。佛制不聽沙彌及白衣，知五篇戒相，恐受具成遮，犯賊住之咎故。

縵　衣

記 成實論云：「沙彌聽畜一禮懺衣，名曰鉢吒。唐言縵條。縵者，無紋也。謂無有條相故。言禮懺衣者：謂披著之時，令增修善法故。」一百一羯磨云：「求寂之徒，縵條是服。」善見論云：「披著衣時，當誦此偈。」云：

「大哉解脫服，無相福田衣，披奉如戒行，廣度諸衆生。」

記 大哉者，讚美之辭。小三衆離塵脫俗，方能披著此衣；雖無田相，亦能生長善法也。上二句讚衣功德；第三句是自利；第四句是利他也。無相者：謂是縵服故。名義云：「佛法至此一百八十年，出家未識割截。」秖著縵衣也。披奉如戒行者：謂五戒十戒，是諸戒根本。戒身清淨，定慧發生。故式叉摩那等，雖居小衆，然能依戒行持，發心廣大，上求下化，故云廣度衆生也。

優婆塞戒相

記 梵語優婆塞，此云近事男。由受三皈五戒，可以親近三寶，承事衆僧，廣修諸善，植種福田故。亦云清信士，謂篤信三尊，乞求戒法，雖處居家，能清淨守持，則諸惡不造，故稱清信士也。相者，事相也。謂得戒于內，藉事行持，顯發于外也。

一曰、不殺生。

記 優婆塞以慈爲本，故曰不殺。守持殺戒清淨，生生世世，感得長壽無病。佛言：

「殺生之人，有二種果報：一者多病；二者短命。」以是因緣，故當戒殺。

二曰、不偷盜。

記 優婆塞少欲知足，故曰不盜。守持盜戒清淨，生生世世，感得倉庫盈溢，多饒財寶，遠離貧窮逼迫之苦。佛言：「偷盜之人，有二種果報：一者貧窮困苦；二者償他宿債。」以是因緣，故當戒盜。

三曰、不邪婬。

記 優婆塞守貞復禮，故曰不邪婬。守持邪婬戒清淨，生生世世，感得賢良妻妾，如意眷屬。佛言：「邪婬之人，有二種果報：一者妻不貞良；二者得不隨意眷屬。」以是因緣，應戒邪婬。

四曰、不妄語。

記 優婆塞出言信實，故曰不妄語。守持妄語戒清淨，生生世世，感得衆人愛敬，言語信伏。佛言：「妄語之人，有二種果報：一者言無信受；二者常被他人毀謗。」以是因緣，應戒妄語。

五曰、不飲酒。

【記】優婆塞信受佛語，故不飲酒。守持酒戒清淨，生生世世，感得智慧精明，離諸顚倒。佛言：「飲酒之人，有二種果報：一者生則愚痴；二者死墮地獄。」以是因緣故當戒酒。

此之五支，名曰學處。亦名學迹，亦名徑路，亦名學本。如世五常，義如居家五戒正範中明。報恩經云：「有善男女，布施滿四天下衆生，四事供養，盡於百年，不如一日一夜持戒功德。」若百家之鄉，十人持五戒，則十人淳謹。百人修十善，則百人和睦。傳此風教，徧于宇內，則仁人百萬。夫能行一善，則去一惡，去一惡則息一刑，一刑息于家，百刑息于國。爲天子者則不治而坐致太平矣。所以受持五戒，不但欽遵佛制，抑且冥助仁義于皇化，而益補邦家者也。

【集】此五戒若不能全受者，或受持一戒，二戒，三戒，四戒，佛慈方便，一一隨聽。若是篤信智人，五戒全持，方爲正受。

【記】布薩正範云：「戒受有滿多半少之分，而業消亦有一二三四十之別。」作持云：「滿分受者，欲顯持守功德故。全五戒，則人相具足。兼十善，則天報恒隨。一戒二戒，尚得人身。壽夭尊卑，由戒多少。設或臨時不忖，受後多犯，一戒能持，猶勝不受。故佛慈方便，而施法隨機，善導如是也。」

八關齋法戒相

記　關者，閉也。謂關閉諸惡不起故。齋者，齊也。謂齊過中不食爲名故。言齋法者：以不非時食而爲齋體，以八事閉惡而助成齋法也。如新婆沙論云：「近住八戒，於五增三。」謂第七法中，合二爲一故。於十減一，謂除捉寶物故。五增三者：謂居家二衆，眷屬緣累，不能永捨家業，所以終身五戒，但除邪婬，不禁非時食也。若受八戒，惟制一日一夜者，嚴禁過午之食，不令入咽。婬欲之念，不得毫動。良由輪迴根本，無如婬欲，生死助緣，莫逾飲食。故圓覺云：「由有貪欲，故有輪迴。」楞嚴云：「食甘故生，食毒故死。」齋經云：「中後不復食者：正爲節其身薄其婬，清其心寡其欲者也。」所以離之，一一皆如諸佛，以種未來出世勝因。

然此戒時節雖促，謂決定要期發廣大願故，則功超人天，德齊諸佛。經云：「彌勒出世，百年受齋，不如今日五濁世時一日一夜。」菩薩處胎經云：「八關齋戒者，是諸佛父母也。」俱舍論云：「受此戒者，名爲近住。謂近阿羅漢住，以隨學故。又名長養，謂長養自他善淨心故。又謂長養薄少善根有情，轉增多故。」在五之上，在十之下，故又名曰中間戒也。

一、不殺；二、不盜；三、不婬；四、不妄語；五、不飲酒；六、離華香瓔珞香油塗身；七、離高勝大床，及作唱伎樂，故往觀聽。八、離非時食。

記 律云：「此戒外攝身口，內防意地，則三業道淨。」故人論中喻如猛將也。增一阿含經云：「不殺者，無有害心。不盜者，無有邪念。不婬者，不念己妻，不念他女。不妄語者，至誠不欺。不飲酒者，心意不亂。離華香等者，二根淸淨。離高勝床，及觀聽者，三塵不生。離非時食者，口不犯過。」如佛行持，故名淨行也。

集 毗婆沙論云：「夫齋者，以過中不食爲體，以八事而助成齋，共相支持，名八支齋法，亦名八關齋。」成實論云：「何故但說離八事？然此八事是門，由此八戒，離一切惡。」是中前四，是實惡；飲酒，是衆惡之門；餘三，能起障道因緣，故以八戒，成就五乘。關者，是閉塞諸惡也。此八戒但受一日一夜，或八日、十四日、十五日、二十三日、二十九日、三十日，名六齋日。准前沐浴偈中所明（詳見一三二頁）。

記 智度論中問云：「何故于六齋日，受八戒修福德耶？」答：「是日惡鬼逐人，欲奪人命，疾病凶衰，令人不吉。是故劫初聖人教人持齋，修善作福，以避凶衰。是時齋法不受八戒，直以一日不食爲齋。後佛出世，令一日一夜，如諸佛持八戒，不過中食。以是功德，將人至涅槃故。」

【集】或諸佛菩薩誕日，或自己生日，皆可受持。論云：「若受八戒，應一日一夜，莫使與終身戒相亂。」此八戒不論已受五戒，及受在家菩薩戒者，皆可受之。邇來剃髮出家者，多有受持八戒。爲師者，亦云授與五、八戒，而不精究律教，好爲人師，自盲盲人，作辦皆非。今本山凡是出家者，但來乞受八戒，欲披五衣、七衣，槩不聽允。

又則在家優婆塞戒，優婆夷戒，佛制不許披割截福田衣，令著禮懺衣禮佛誦經。即縵衣也。蓋在家二衆，佛令自己隨力供養三寶，不聽受他人四事。既非衆生福田，故不許著割截福田衣。又縱是受在家菩薩戒，令儲畜三衣、鉢盂、錫杖，奉供佛前，遇有出家僧尼，缺其衣具者，及有年滿欲受具者，乏其衣鉢，隨乞施彼。更造奉供，不得不儲畜。自身聽著縵衣一頂禮拜、持誦，不聽城邑聚落，披著往來。若入寺禮三寶，當囊盛隨身，入寺中方著。所以在家聽離衣，若恒披則犯制。出家不聽離衣，若離則犯制。今本山凡有在家信心男女二衆，乞求五戒，及菩薩戒者，令造縵衣，禮敬三寶，不聽披條相田衣。

【記】終身戒者，分段戒也。謂但盡今生形壽故。供養三寶者：莊嚴論云：「謂因成就檀度，故與供養也。若不長時供養三寶，則檀度不得圓滿故。」防非禦敵稱之爲城，宰治爲邑。聚落者：人所聚居之處也。不聽居家二衆在彼搭衣者：正顯袈裟尊重也。入寺許著禮敬三寶者：以見佛法無偏也。雖是縵衣，實係法服。凡披搭之時，當生難遭之想，懷恭敬心而誦此偈：

「善哉解脫服，鉢吒禮懺衣，我今頂戴受，世世常得披。」

記 梵語娑度，此云善哉。解脫服者：讚其衣之利益無量無邊。我今受佛戒已，故得披著服之禮懺誦經，則煩惱自然解脫也。第二句華梵雙擧，顯非福田衣也。我今頂戴受持，願世世生生，披如來衣，爲佛弟子，而入如來室，聞解脫法。故云「我今頂戴受，世世常得披」也。

集 又菩薩戒相，此毗尼日用中不列，附布薩正範卷中。

記 布薩者，卽說戒也。南山律祖翻爲淨住。謂淸淨身心，如戒而住故。根本律中名褒灑陀。褒灑，是長養義；陀是持義。由集衆說戒，能長養善法，持自心故。正，證也；範，法也。謂以律證明，所出說戒法也。

毗尼日用切要香乳記　卷下（終）

緣起

粵自雞園初唱，教被二乘，同淨三業，涅槃會上，談常扶律，嚴飾來機，原始至終，無不以毗尼爲重也。如來滅後，摩訶迦葉與五百應眞，結集三藏，唯一毗尼藏師資授受，而無增減。是以迦葉授阿難，難授商諾迦，迦授毱多尊者。多有五弟子，皆得道果，各執所見，遂分一毗尼藏爲五部焉。第一曇無德部，而爲宗主，法名四分。後曇摩迦羅遙承其宗。北臺法聰律師，遠稟迦羅，而授雲中道覆。覆律師授大覺惠光。光律師授高齊道雲。雲律師授河北道洪。洪律師授弘福智首。首律師授南山道宣。唯宣律師懸受佛記，大弘律教，盛述條章，深明持犯。所以世人稱爲南山宗也。後昭慶允堪律師，撰會正記續南山宗，而授靈芝元照。照律師後，雖代不乏人，律法漸晦，述作無聞。元明以來，典型盡失。吾王祖古心律師，乘大願輪，步禮臺山，親從文殊授受。而戒法中興，長干塔頂以爲證，三昧師祖剔毗尼燈，照耀寰宇，而尸羅大振。東林白蓮預讖之當是時也。然以久廢初興，多從方便耳。迨我　先師見老和尚繼之，三十餘年，戒戒考實，事事舉行。由此漸還佛制矣。於是爲沙彌者，畢令習十戒律儀。爲比丘，爲菩薩者，覔令精五篇三聚。復於未秉之前，重研毗尼偈呪，先令熟讀行持。此實先老和尚，開物成務之心眞切也。比來人多怠慢，忽略斯文。狂者目之太易，謂此偈呪，一覽便知，何用瑣瑣？愚者駕言，受後自有本律，不必多端。執定狂愚，安坐不進，皆由不知菩薩之行願無邊，而法門無量。玉道慚先哲，德愧時賢，惟是一點赤心，不敢負本。古云：「舉一足，不敢忘父母；出一言，不敢忘父母。」今讀此毗尼，又奚敢忘　和尚耶？甲子夏安居，依文消義，隨錄成帙，約有陸萬餘言。因住持事繁，一紀未展。今夏初復講一遍，分爲上下兩卷。其理雖不諳，事義無差。願諸覽者，以佛祖之心爲心，菩薩之願爲願。至於知我、罪我，予何敢辭？因諸子請梓，故叙顛末於此。

時

康熙三十六年歲次丁丑秋分第三褒灑陀日古闌

佛菴道者書玉識於昭慶之法乳堂

香乳記卷下　音釋

蘇摩國
此云月。

兜羅綿手
此云白淨。亦云細香。又翻楊華。佛手柔軟似此綿故。

陶師
造瓦人名。

五臟
心、肝、脾、肺、腎。

四肢
双手双足。

縫葉爲器
如此方以葉裹物也。

妙有
空不異色。

眞空
色卽是空。

乾陀國
隋云：香行國。

無生際
寂滅理也。

幻人心數滅

卽心所法也。大乘有五十一種，謂徧行五，別境五，善十一，煩惱六，隨二十，不定四也。

三觀

觀，照也。謂空、假、中三種，隨舉一法，卽能照了諸法故。

破五住

謂三界見惑爲一，思惑分三，謂欲愛住、色愛住、有愛住，根本無明爲一，共成五住。住，著也。由此五惑，能令衆生住著生死故。五住若破，卽證聖果。

娑婆

此云堪忍。謂衆生能忍此土苦故。

兩足

福慧圓滿。

十號

無虛妄，名如來。良福田，名應供。知法界，名正徧知。具三明，名明行足。不還來，名善逝。知衆生國土，名世間解。無與等，名無上士。調他心，名調御丈夫。爲衆生眼，名天人師。知三聚，名佛。具上九號，爲物欽重，故曰世尊。天上人間，所共尊故。

十種瑞

光明滿室，甘露盈庭，池涌七珍，地開伏藏，鷄生鳳子，猪娩龍豚，馬產麒麟，牛生白澤，倉變金粟，象具六牙。

泌
音弼。

四恩
國王、父母、師長、檀越。

舍衞國
此云聞物，又翻豐德。

難陀
此云善歡喜。從初慕道爲名，其母篤信三寶。

蓽茇
味辛甚於椒，狀如車前子而短。

尫
音汪，弱也。

羸
音雷，瘦也。

吻
音刎。

餧
內上聲，飢也。

糜
音糜，粥也。

旃檀
義翻與藥，能除病故。慈恩傳云：「樹類白楊，其質涼冷，蛇多附之。」

沉水
梵名惡揭嚕，其體堅黑，置水卽沉，雲

旦瓊州出。

八功德水

謂澄淨、清冷、甘美、輕軟、潤澤、安和、除患、增益。

黯

音黶，黑色。

舐

時上聲，舌出舓面也。

金剛山

梵語跋拆羅，亦云斫迦羅。

十寶山

謂須彌山、雪山、目眞隣陀山、大目眞隣陀山、香山、寶山、金山、黑山、鐵圍山、大鐵圍山。

由旬

此翻限量。天竺里數也。大論云：「大者八十，中者六十，小者四十里。」

王舍城

即羅閱祇也，是摩竭國城名。薩婆多論云：「此國本有惡龍作種種災害，破壞人民舍宅，惟王宮舍不壞故。」

袈裟

此云壞色衣。

須陀洹

華言入流。謂此人斷三界見惑盡，預入聖道法流故。

覈

音劾，考實也。

苾蒭

雪山香草名。謂有五德，以喻比丘：㈠體性柔軟，以喻比丘折伏三業之麤獷故。㈡引蔓旁布，以喻比丘傳法度人延綿不斷故。㈢馨香遠徹，以喻比丘戒德馨香為衆所聞故。㈣能止疼痛，以喻比丘能斷煩惱毒害故。㈤不背日光，以喻比丘常向佛日而居故。

分衛

此云乞食。僧祇律云：「乞食分施僧尼，衞護以修道業故。」

維那

維那謂綱維僧衆，調攝內外故。

尸利仇多

或云尸利毱多。此云勝密。是外道弟子。

提婆尊者

此云天，西域第十五祖。

迦毗羅國

此云黃色，或名迦夷羅國，此云赤澤。

梵摩淨德

此云清信士。

狼狽

進退不得之義。

嚩嗏

上音愽，下音集。急迫之聲。

界內惡

惡者。謂見思惑業牽纏，不能出離三界故。

界外惡

惡者。謂無明覆蔽眞如，不成無上妙道故。塵沙通內外。

三十七品助道法

品，類也。助，資也。心通曰道。謂四念處、四正勤、四如意足、五根、五力、七覺支、八正道也。

穫

音斛，刈禾也。

鍬

悄平聲。

耰

音攸，覆種也。

優波笈多

或名毱多，此云大護。佛滅度後，百年出，得無學果。

菩提樹

卽畢鉢羅樹，此翻高聳。佛坐其下，成等正覺，因名菩提。又名道樹。

不共法

謂諸佛之智，內充無畏之德，外顯一切功德智慧，超過物表，不與凡夫二乘，及諸菩薩共有也。㈠身無失；㈡口無失；㈢念無失；㈣無異相；㈤無不定心；㈥無不知已捨；㈦欲無減；㈧精進無減；㈨念無失；㈩慧無減；⑾解脫無減；⑿解脫知見無減；⒀一切身業隨智慧行；㈣一切口業隨智慧行；㈤一切意業隨智慧行；㈥智慧知過去世無礙；㈦智慧知未來世無礙；㈧智慧知現在世無礙。

五行

金、木、水、火、土。

三有

欲、色、無色。

十聖

聖者，以正爲義。卽十地也。

啐啄

上音翠，下音捉。如鷄抱卵，小鷄欲出，以嘴吮聲曰啐。母鷄憶出，以嘴嚙之曰啄。作家機緣相投，見機而解，亦由是也。

三十三天

梵名忉利。居須彌山頂，離人間八萬由旬。四方各有八天，帝釋居中，共爲三十三也。

駭

音蟹，河名。

諂曲

希其意而道其言曰諂。是故其言諂者，其心必曲。

三十二相

謂如來應化之身。具此三十二相，以表法身，衆德圓極，人天中尊，衆聖之王也。足安平相、千輻輪相、手指纖長相、手足柔軟相、手足縵網相、足跟滿足相、足趺高妙相、腨如鹿王相、立手摩膝相、馬陰藏相、身縱廣等相、毛孔生青色相、身毛上向右旋相、身金色相、身光面各一丈相、皮膚細滑相、七處平滿、兩腋滿相、身如師子相、身端直相、肩圓滿相、四十齒相、齒白齊密相、四牙白淨相、頰車如師子相、咽中津液得上味相、廣長舌相、梵音深遠相、眼色如金精相、眼睫如牛王相、眉間白毫相、頂肉髻成相，亦名無見頂相。

八十種好

無見頂相好、鼻高孔不現好、眉如初月好、耳輪輻相好、身堅實好、骨際如鈎

鎖好、身廻如象王好、行時足去地四寸而印文現好、爪如赤銅色好、膝骨堅著圓好、身清潔好、身柔軟好、身不曲好、指纖圓好、指文藏覆好、脈深不現好、踝不現好、身潤澤好、身自持不逶迤好、身滿足好、容儀備足好、容儀滿足好、住處安無能動好、威振一切好、一切樂觀好、面不長大好、正容貌不撓色好、面具滿足好、唇色紅潤如頻婆果好、言音深遠好、臍深右旋圓妙好、身毛紺青光澤好、手足圓滿好、手足如意好、手文明直好、手紋深長好、手文不斷好、一切惡心衆生見者和悅好、面廣殊妙好、面如滿月好、隨衆生意和悅與語好、毛孔常出妙香好、口出無上香氣好、容儀如師子王好、進止如象王好、

行法如鵝王好、頭如摩陀那果好、一切身分具足好、四牙白利好、舌相長廣赤色好、舌薄微妙好、身毛紅色好、身毛輭淨好、眼秀廣長好、孔門相具好、手足赤白如蓮華色好、臍厚不出好、腹形不現好、細腹方正好、身不傾動好、身持厚重好、其身長大好、身長殊妙好、手足軟滑好、四邊圓光名一丈好、光明照身而行好、等視衆生好、不輕衆生好、隨衆生音聲不增不減好、說法不著好、隨衆生語言說法好、發音報衆好、次第有因緣說法好、一切衆生不能盡觀相好、觀無厭足好、首髮修長好、首髮齊整不亂好、髮旋堅固永無斷落好、髮色青珠光滑好、手足有德相好。如上相好，皆是多生清淨持戒所感也。

神通

神名天心，通名慧性。天然之慧，徹照無礙故。

外道六師

一、富蘭那迦葉；二、末伽梨俱舍梨；三、删闍耶毗羅胝；四、阿耆多翅舍欽婆羅；五、迦羅鳩陀迦旃延；六、尼犍陀闍提子。

跋陀尊者

秦言善教。

行解

泯解而修曰行，心明朗照曰解。

修不淨觀

亦名九想觀。㈠肨脹想；㈡青瘀想；㈢

壞想；㈣血塗漫想；㈤膿爛想；㈥蟲噉想；㈦散想；㈧骨想；㈨燒想。禪門云：「觀想他身，治外貪故。」

愛見爲本

心之纏綿不已曰愛，愛爲思惑本，見爲見惑本。

生相無明

謂等覺後，一品生相無明惑也。

修食不淨觀

如笈多曰：「當觀一切法，猶如涕吐也。」

三解脫門

謂空、無相、無願。

摩訶衍

此云大乘。

五逆

逆則不善。謂弑父、弑母、弑阿羅漢、出佛身血、破羯磨轉法輪僧。

酖

音朕，鴆毒酒也。

砒

音批，砒霜，石藥。

葩

怕平聲，花也。

緣起

雞園

西域有鷄頭摩寺，去鹿苑不遠。故大佛

頂經云：「我在鹿苑，及與雞園，觀見如來，最初成道。」

談常扶律

釋籤云：「以彼經部，前後諸文，扶事說常。若末代中諸惡比丘破戒，說於如來無常，及讀誦外典，則竝無乘戒，失常住命。賴由此經，扶律說常，則乘戒具足。故號此經爲贖常住命之重寶也。」

師資

師有匠成之能，學者具資禀之德。

弟子

南山云：「學在我後曰弟，解從師生曰子。」

摩訶迦葉

此云大龜氏，姓也。先代學道，靈龜負僊圖而應。從德命族，名畢鉢羅。父母禱樹神而生故。或翻飲光，身光亦能映物故。

阿難

此云慶喜。

末田地

此云中阿難。

商諾迦

此云自然服。西域聖人出，九枝秀草生，師生草出，自然成衣故。

曇無德

此云法正。是毱多弟子，四分律主也。

曇摩迦羅

此云法時。天竺沙門，始依四分，十人

受具，遙依法正。

法聰

四分標釋云：「元魏孝文時，本學僧祇，因考受戒體，始闡四分，遙承法時。」

道覆

聰之弟子。最初撰疏科六卷，以釋四分。

惠光

初從佛陀禪師出家。陀曰：「此子宜先聽律，律是慧基，非智不奉。若初從經論，必輕戒網。」由是依覆通四分律，撰疏十卷。

道雲

從光受學，撰疏鈔九卷，判釋廣文。

道洪

從雲受學，亦撰疏文。

智首

稟戒之先，於古佛塔前，預祈顯驗，蒙佛摩頂，身心泰然，方知感戒。及尋律部，多會其文，從洪受學。撰疏二十卷。

南山道宣

南山，即終南山名。距長安八十里，在扶風武功縣。其山北來，勢終南故。或名中南。關中記云：「在天之中，居都之南故。」律祖諱道宣，字實相，京兆錢氏子。父吏部尚書。母夢梵僧語之曰：「所孕者，梁時僧祐律師也。」及長，依日嚴顗公出家。年二十，依首師進具，親從學律。居中南紵麻蘭若，宗承首法，撰行事鈔。建南山宗，燒戒定香，行般舟行，前後總二十會。常感天人送饌，侍衞修行。唐高宗乾封二年丁卯十月三日入滅。衆聞天人同聲請師歸彌勒內院。穆宗讚曰：「代有覺人，為如來使，龍鬼歸降，天人奉侍。聲飛五天，辭驚萬里，金烏西墜，佛日東舉。稽首歸依，肇律宗主。」懿宗朝謚號澄照大師。詔天下寺院，圖形供奉。

允堪

謚號眞悟大師。撰會正記。續南山宗。韋天示現，地湧戒壇。

圓照

字湛然，餘杭唐氏子。撰資持記。嗣堪律師。

述作

述者之謂賢，作者之謂聖。

典型

孟子曰：「太甲顛覆，湯之典型，乃謂聖人正暴除亂，懲惡除非，勸善之法度。」

王祖

名，稱，義，出禮記。

古心

諱如馨，溧陽楊氏子。依攝山素安大師出家。因慨律學荒蕪，步禮五臺，求見文殊受戒。至半山中，見一婆子，捧僧伽黎，問曰：「汝求何事？」曰：「求見文殊菩薩，親受大戒。」婆曰：「持衣來否？」曰：「未。」婆曰：「此衣與汝。」師手接衣。婆標指曰：「那不是文殊麼？」師纔一回顧，婆子不見。菩薩於雲中垂手，摩師頂曰：「古心比丘，文殊爲汝授戒竟。」師於言下，頓悟五篇三聚，心地法門。視大小乘律，如自胸中流出，遂還金陵，中興戒法。時雪浪法師奉勅修長干寶塔，工將告竣，塔頂艱擧，其心勿悅。少頃隱几而臥，有神人夢中慰曰：「異日優波離尊者，振錫繞塔，頂竅自投。爾何疑慮？」明旦師率弟子，執杖繞時，頂果自上。世人咸信爲波離再轉也。時神宗皇帝御讚曰：「瞻其貌，知其人，入三昧，絕六塵，昔波離，今古心。」謚號慧雲和尚。

中興

廢而復興曰中興。如周宣王、漢光武、中興帝王之業。律祖則中興法王之戒也。

長干

江寧報恩寺舊額。

三昧

諱寂光。瓜洲錢氏子。初從雪浪法師習賢首教觀，次求古心律師受具足戒於潤州甘露寺。親炙有年，惟律儀是任。師嘉其行解，傳授毗尼。弘揚戒法，行道豫章。緇素敦請開戒於東林寺，陸地忽透千葉白蓮一十八朶。按廬山紀事云：

「遠公臨滅度時示衆曰：『若有白蓮重開，吾當再來教化矣！』」自晉迄明，枯而不榮，池久爲地。師到此山，白蓮花開，時人憶昔符讖，皆稱師爲遠公再來也。及住華山，十方賢聖結讚曰：「白蓮預識振千華，其斯之謂歟？」餘多神異，詳在銘傳。

尸羅

此云清涼。謂離熱惱得清涼故。大論云：「秦言性善，謂好行善道，不行放逸，是名尸羅。」以義而翻也。正翻止得，謂止惡得善也。古翻爲戒。戒者，制也。謂能制一切不善之法也。

開物成務

句出易經。

瑣瑣

繁碎也。

狂愚

狂無德性，愚無慧性。

安坐不進

文句出楞嚴。

舉足等句

出孝經。

安居

南山云：「形心攝靜爲之安，要期住此爲之居。靜處思微，道之正軌，理須假日追功，策進心行故。」佛制安居有三種：謂前、中、後也。初，四月十六日是前安居。從十七日已去，五月十五日，名中安居。五月十六日，名後安居。故律云：「前安居者，住前三月。後安居者，住後三月也。」

住持

謂安住道德，執持教化，令法久住故。又云住於眞理，持而不失故。

吉祥圓滿

我國歷代「大藏經」存佚略說

廣定

一、開寶藏（蜀版）——中國第一部大藏經，僅存零本殘頁。

二、契丹藏（遼金版——丹本）——全佚。

三、金藏（遼金版——趙城藏本）——久佚。近於山西趙城廣勝寺發現但不全，即「宋藏遺珍」也。

四、崇寧萬壽藏（福州版——東禪寺本）——今存零本。

五、毗盧藏（福州版——開元寺本）——今存零本。東禪寺、開元寺二本，因版式同樣，故日本宮內省圖書寮，存有二本合成之全藏。

六、思溪圓覺藏（湖州版——浙版）——中國全佚。但日本東京增上寺，存有全藏。

七、思溪資福藏（湖州版——浙版）——今存四千餘卷，係由日本請回。

八、磧砂藏——此藏係由朱慶瀾將軍，於民國二十年，在陝西開元、臥龍兩寺發現，存有十分之八。

九、普寧藏——此藏中國全佚。但日本東京增上寺及淺草寺，存有全藏。

十、弘法藏——全佚。

十一、南藏——據悉今「濟南圖書館」存有全藏。

十二、北藏——據悉今南通狼山廣教寺，鎮江超岸廣教、定慧等寺，均存有全藏。

十三、武林藏——全佚。

十四、徑山藏（嘉興藏）——據悉北平嘉興寺，洞庭西山、顯慶寺等均存有此藏。近年修訂之「中華藏」第二輯，卽係此藏也。

十五、龍藏——清。乾隆三年完成，各地所存尚多。

十六、頻伽藏——此藏係中國第一部用活字（鉛字）排印之大藏經，各地所存尚多。

十七、百衲藏——因集合北平、天津、金陵、江北、揚州、毗陵、蘇州、杭州諸刻經處之刻本而成，故稱「百衲本」，各地所存尚多。

十八、普慧藏（民國增修大藏經）——民國三十三年在上海編印，只出版線裝本一百三十餘册。此藏全部歸入「佛教藏」內，爲續藏第一輯。

十九、中華藏——此藏是影印「磧砂藏、嘉興藏、卍字藏」三部合爲一藏。其續藏及補藏等輯，尚未出版。

二十、佛教藏——此藏係中國歷代以來最完整之大藏經。

一、以「頻伽藏」爲底本，重編校正，並從各藏補入所缺部份。又搜輯近代譯出之經論註疏、古佚弧本等，合爲正藏（精裝八十四册）。

二、以「普慧藏」爲續藏第一輯（精裝二十八册）。

三、搜輯古今大德撰述之經論疏釋——絕版弧本。以及藏文、巴利文譯出之主要經論註解等。並摘輯「卍字續藏經」主要之經論註疏，以圓滿全藏，是爲續藏第二輯（精裝五十册）。

四、全藏計精裝一百六十二册，二千六百四十三部，一萬一千零五十二卷，一十六萬七千七百〇六頁。總目錄、索引一册，另行出版，不在此內。

附註：佛教大藏經之「索引」係「佛教藏」與「大正藏」對照，可爲兩藏所並用。

歷代中文「大藏經」刻藏年表

廣定

國內

- 宋朝
  - 蜀版——開寶藏（西元九七一——九八三）
  - 遼金版
    - 契丹藏（丹本）（約一〇三一——一〇六三）
    - 金藏（趙城本）（約一一四八——一一七三）
  - 福州版
    - 崇寧萬壽藏（福州東禪寺本）（一〇八〇——一一〇四）
    - 毗盧藏（福州開元寺）（一一一五——一一五〇）
  - 湖州版
    - 思溪圓覺藏（一一三二——？）
    - 思溪資福藏（一一七五前後）
  - 磧砂藏（約一二三一——一三二二）
- 元朝
  - 普寧藏（一二六九——一二八六）
  - 弘法藏（一二七七——一二九四）
- 明朝
  - 南藏（一三七二——？）
  - 北藏（一四一〇——一四四一）
  - 武林藏（約一五二二——一五六六）
  - 徑山藏（嘉興藏本）（一五八九——一六七七）
- 清朝
  - 龍藏（一七三五——一七三八）
  - 頻伽藏（一九〇九——一九一三）
  - 百衲藏（一八六六——？）

- 民國
  - 普慧藏（一九四四——？）
  - 中華藏（一九六三——一九七六）
  - 佛教藏（一九七七——一九八三）
- 國外
  - 高麗
    - 高麗大藏初雕本（約一〇一一——一〇八二）
    - 高麗續藏本（一〇九四前後）
    - 高麗大藏再本雕（一二三六——一二五一）
  - 日本
    - 天海藏（寬永寺本）（一六三七——一六四八）
    - 黄檗藏（鐵眼本）（一六六九——一六八一）
    - 弘教藏（縮刷藏本）（一八八〇——一八八六）
    - 卍字藏（一九〇二——一九〇五）
    - 卍字續藏（一九〇五——一九一二）
    - 大正新修大藏經（一九二二——一九三二）
    - 昭和再訂縮刷藏（一九三五——？）
    - 聖語藏（古寫本與版本集合而成約自七二九——一〇九三）
    - 宮　本（即福州東禪寺與開元寺本合成之全藏）

佛教大藏經簡介

廣定

這部「佛教大藏經」係目前我國最完整的（中文）大藏經，全藏精裝計壹佰陸拾貳册。分爲：

一、正藏——八十四册
二、續藏——七十八册
全藏共計一十六萬七千七百餘頁。

全藏搜輯經、律、論及重要註疏等，計二千六百四十三部。其中經論及古今名著，「大正藏」所未曾搜入者，共有五百十八部之多，由此可見「佛教大藏經」內容搜輯之完整與豐富了。

並編有「佛教大藏經——總目錄、索引」一册，檢閱便利，其內容每部經論註疏，均與「大正藏」對照，指出這部經在「大正藏」某册某頁，一翻便知，故本「索引」可與「大正藏」並用。敬請

諸山長老，大德法師，善信居士，多加賜教！

國家圖書館出版品預行編目資料

毗尼日用切要香乳記／書玉律師著作. -- 1 版. -- 新北市：華夏出版有限公司, 2022.08
面；　公分. --（Sunny 文庫；238）
ISBN 978-626-7134-18-4（平裝）
1.CST：佛教修持 2.CST：戒律

225.71　111007053

Sunny 文庫 238
毗尼日用切要香乳記

著　作　書玉律師
印　刷　百通科技股份有限公司
電話：02-86926066 傳真：02-86926016
出　版　華夏出版有限公司
220 新北市板橋區縣民大道 3 段 93 巷 30 弄 25 號 1 樓
電話：02-32343788　傳真：02-22234544
E-mail：　pftwsdom@ms7.hinet.net
總 經 銷　貿騰發賣股份有限公司
新北市 235 中和區立德街 136 號 6 樓
電話：02-82275988　傳真：02-82275989
網址：www.namode.com
版　次　2022 年 8 月 1 版
特　價　新台幣 300 元 (缺頁或破損的書，請寄回更換)

ISBN：978-626-7134-18-4
《毗尼日用切要香乳記》由佛教出版社同意華夏出版有限公司出版繁體字版